「欲望」の生産性

欲望と人間、そしてビジネス

株式会社コムテック22
代表取締役
上原 征彦

生産性出版

はしがき

「人間の生産性の原点はその欲望にある」というのが本書の基本思想である。本書は、私が、かなり前から思案・構想してきたビジネスの捉え方について、未熟の域を出ていないが、その凡その内容(第Ⅰ部：実務家と研究者の双方に読まれることを想定)を纏《まと》めつつ、そうした論述の根拠となる科学的方法論(第Ⅱ部：研究の方法論に興味を持つ読者を想定)に言及し、さらに、実務を意識した提言(第Ⅲ部：主として実務家に読まれることを想定。なお、この第Ⅲ部では、私の見解を述べることに重きを置き、文献への言及を最小限に留めた)を試みたものである。

ビジネスは、個々人の固有の能力を、利潤極大化に向けて組織化していく仕組みとして捉えることができる。ところで、個々の人間の能力を最も決定づけるのは何か？　本書では、それは「個々の人間が抱く欲望である」と想定している。現代社会において個々人は、卓越した能力を社会で活かすことができる、という理念が、多かれ少なかれ支持されている。それは、自己の能力を育み、これを社会に役立てたいという欲望と、その達成を目指す当人の努力の有効性が、世間一般に認められているからであろう。つまり、人間が生きるための能力を獲得しようとする努力には、欲望の駆動が必要条件となっている。本書では、個々の人間を、多様な欲望を内在させている主体として把握しつつ、彼らが構成する社会やビジネスの在り様を考察してみた。

人間は、多様な欲望に身を任せるのではなく、これを自らの意思で調節していかなければならない。

本書を執筆した私の問題意識は、個々の人間が、自らの欲望とその達成を社会や組織によって他律的に左右されるのではなく、これを自らが主体的に調節していく仕組みをどう構築・展開していくべきか、という点にある。本書で、このことが十分に解明されたとは言いがたいが、こうした私の問題意識を少しでも汲み取っていただければ幸いである。

本書は、私の約50年にもおよぶ研究生活(主としてマーケティング戦略の研究)の取り纏めの一つとして位置づけられる。この間、実に多くの方々にお世話になったが、とりわけ現在まで、私が研究作業の拠点としてきている株式会社コムテック22のシニアコンサルタント・中麻弥美氏(上智大学および明治大学の兼任講師)と、この研究拠点の創立者ともいうべき坂上岩男雄氏、および株式会社市場開発研究所社長・坂上眞介氏(上智大学および昭和女子大学の兼任講師)のお三方には、私の長年に亘る研究調査において、さまざまな支援を頂いてきている。また、大友純氏(明治大学名誉教授)にも研究上の刺激を受けている。

そして、出版にあたっては、公益財団法人日本生産性本部の茅根滋氏から、同僚の米田智子氏をご紹介され、彼女には章立て・構成などについて多大なご示唆とご指導をいただいた。心より感謝しつつ、ここに厚くお礼を申し上げる次第である。なお、本書の装丁デザインを考えてくださった、山口直美氏にも謝意を表する。

２０２３年８月吉日

上原　征彦

目次

第2章 マーケティングと組織文化

第Ⅲ部　日本ビジネスの展望

第6章　変曲点の時代

第7章　マーケティング革新

第8章 実力主義の実践

第９章 社会を取り巻く環境の変化

第10章 企業創生の道

第Ⅰ部

欲望が駆動する人間とビジネス

人間は、他の動物とは違って、独自性(自律性と固有性)を顕著に発揮できる存在である。こうした独自性は、人間が生存のために発動する多様な欲望によって、必然的に生じる基本的な在り様の一つだといえる。同時に、人間社会の在り様にも、さまざまな欲望とその相互関係が大きく作用している。人間は、自己のさまざまな欲望を意識・自覚し、それらを調節しつつ、社会(ここでいう社会は、多数の人間が、何らかのルールによって繋がる集団の総称を意味する)に関係かつ参加している。一方、社会は、そうした個々人の欲望を統合する(目的にそって、それぞれの欲望を妥当な役務に位置づける)ことによって機能する。

こうした欲望は、個々の人間が独自に生きるための精神的エネルギーと見なすことができるため、我々は、欲望を究明することによって、人間の独自性とそれが織りなす社会の仕組みに迫ることが可能になる、という確信をしている。こうした考え方は、必ずしも一般化されているとはいえないが、人間の本質を捉える方法の一つであり、若手研究者の一部(たとえば、明治学院大学博士課程で欲望とマーケティングとの密接な関係を理論化しようとした市川寛子氏など)にも注目されてきたといえる。

そして、前述した「多様な欲望の発露たる自律性・固有性」は、それが個々人の勝手気ままな振る舞いとして現れることは極めて少なく、むしろ、社会(我々のいう社会は、もちろん組織も含む)と個人との相互作用によって、調整され、かつ機能していくことが一般的である。このようなシステムは、構成員が遵守すべき規制や規律が強く支配する仕組みではなく、むしろ、彼らの社会・組織への主体的参加によって、活かされる仕組みとして理解されるべきであろう。

ビジネスも、俯瞰すると、組織と個人との相互作用の場として捉えることができる。そこでは、個々の構成員による欲望の調整が、企業からの規制や強制に支配されるのではなく、むしろ、彼ら(構成員)の企業への主体的かつ積極的な参画という次元で、それが有効に機能していく、ということが期待される。そうした機能の基盤を担うのが戦略(ある主体が、「環境とその変化にどう適応すべきか」ということを決めるための独自の方法論：ビジネスにおいては経営戦略と呼ぶことが多い)の展開である。こうした問題意識から、この第Ⅰ部では、社会とビジネスについて新たな見方を提示していく。

我々が最も注目しているのは、社会や組織が策定・展開する戦略への主体的参加を通じて、個々人の持つ多様な欲望が調整かつ活かされ、このことが人類の進化と発展を駆動している、というダイナミックスである。

第1章

「欲望」とは何か

1「欲望」研究と目的

Ⅰ 欲望への着目

我々がいう欲望[1]とは、時として欲求と呼ぶこともあるが、その本質は「目的とその手段の実現を希求する人間的動機」として捉えられ、本能的かつ必需的動機から高度な精神的動機に至るまで、欲望のさまざまな種類を見出すことができる。この種類の数は、現代の人間の複雑な感情や行動を考慮に入れると、恐らく膨大な数に達すると思われる。これは、こうした欲望を俯瞰的かつ体系的に考察することによって、人間の新たな解明に大きく接近できる、ということも意味している。

人間の欲望に取り組んだ古典的かつ代表的な研究として、心理学者のマレー[2]による、欲望の種類を把握しようとした「欲求リスト」、マズロー[3]による、欲望を低次から高次への段階として類型化した「欲求5段階説」、あるいは、これらに類似した多数の成果を挙げることができる[4]。しかし、これらの研究は、人間の一側面として欲望を捉えるだけで、そこから人間そのものの特性を捉えようとする意図は、希薄であるように思われる。

我々は、前述のような研究とは異なり、人間を多様な欲望の集合体として見なしつつ、欲望から、人間と彼らが織りなす社会を、構想・議論できるように目指したいと思う。このことは、人間の特性を把握するためには欲望が最適な変数となるであろう、という期待と観点に立っていることを意味する。それだけではない。欲望は、人間の生活・諸行為を駆動するエネルギーとして位置づけることもできるであろう。このような問題意識に依拠しつつ、欲望という切り口から人間を新たに捉え返すことによって、人間の社会的行動、中でも、そのビジネス行動の本質的特性を導き出していくことにしたい。

Ⅱ 人間とは何か——閉鎖システム・オートポイエーシス・自律性

「人間とは何か?」。この問いへの答えは、自然科学的にはかなり明らかになっており、人間の生物学的・物理学的・医学的・情報処理的な特性に関しては、研究の進化とその方向が明確化してきているといっても過言ではない。しかし、社会科学的にみると、人間の多様さや複雑さが指摘されてはいるが、明確な研究方向は定まっていないといえる。それは、人間をシステム論で捉えると、入力(システムへの操作)から出力(システムを操作した結果)を一義的に求めることができない閉鎖システム(オートポイエーシス：自己生産システム)であるため、人間の自律性を外部から固定かつ操作することが困難だからである[5]。

我々は、このような人間の操作困難性、言い換えれば、自律性を人間の本質的特性と見なし、この自律性の背景として、多様な欲望の作用を認識かつ位置づけることもできる、と考えている。多様な欲望のすべては、程度の差はあれ、自己の充足感の実現を希求し、かつ、他者からの怨嗟《えんさ》と反抗に立ち向かいつつ、できる限り彼らによる干渉を避け、時として同意を得ようとする。これが人間の社会的行動として展開されていく。我々は、こうした在り様に、人間の自律性と欲望との強い結びつきを見出し、個々人の変化・成長を、当人固有の欲望体系の変化として、これを捉えることができるであろう。

さらに換言すれば、人間の生活・労働（勤務）・生存、そして進化の根底には多様な欲望が作用し、これが人類の史的展開を駆動してきている、ということが想定できる。すなわち、人間の自律性（操作困難性）は、当人の欲望によって駆動・機能することが多い、と見なすこともできる。俗にいう「彼は好き勝手に生きている」という言葉が、このことを如実に表現している。そこで我々は、人間行動を俯瞰的かつ的確に捉えるために、欲望という動機に関わる特性に着目してみる。つまり、欲望をダイナミックに捉えることによって、人間行動に関する新たな知見を獲得すると同時に、これを基盤としつつ、ビジネスの本質[6]に迫っていくことにしたい。

Ⅲ 欲望の多様性と類型化

我々は、人間の欲望の多様性（無限ともいえる広がりをもつ多様性）を想定できるが、さしあたって、これらを二つあるいは三つに分けて検討することにしたい。まず、「金欲」と「我欲」の2類型で欲望を捉えてみる。詳細は後述するが、この両者の性格は顕著に異なる。しかし、ここではまず始原的な違いのみを指摘しておこう。

「金欲」は、ある類型に含まれる欲望の総称というよりも、貨幣蓄積欲という特定の欲望そのものを指し、簡単にいうと、それは、「金をできる限り多く所有したい」という人々の動機に裏づけられて駆動かつ機能していく。次に、「我欲」とは、金欲を除く他の欲望のすべてを指し、食欲、性欲など本能に

図表1　3つの欲望

「金　欲」	＝貨幣獲得欲(貨幣蓄積欲)
「我　欲」	＝金欲を除くその他の欲望：食欲、性欲、権力欲、出世欲など、必需的・本能的な欲望から精神的・社会的欲望に至るまで多岐にわたる
「開発欲」	＝我欲のうち、「何か新しいことをしたい」「今までの流れを変えたい」などといった欲望

近いものから、競争欲、権力欲、出世欲など社会的なもの、愛欲、知識欲、自己実現欲求[7]など、精神的なものまで実に多岐にわたる欲望を認識することができるであろう。

次に、「我欲」には、既述の食欲、性欲、愛欲、権力欲などという、利己的および現実的な欲望の他に、より視野拡大的な(利己だけでなく、利他にも資する可能性もあるという意味で、より社会的かつ未来的な)動機に基づくものも含まれる[8]。その中でも、我々は現在にないもの(あるいは不足しているもの)を、近い将来には何とか確保したい(たとえば、「明日は今までと違った食事をしたい」「新しい恋愛をしてみたい」「新しい生活をしたい」「今までにない理論や技術を開発したい」など)という、「開発欲」とも呼ぶべき概念で括ることができる欲望類型に注目すべきだと考える。この「開発欲」が、人間が構築する社会・組織(ビジネスは、こうした社会・組織の一つとして位置づけられる)を有意に進化させてきた原動力の一つであることは間違いない。

Ⅳ　欲望の人類史——我欲の多様化と金欲・開発欲の作用

人類がこの世に現れた当初は、おそらく本能や生活(採取や狩猟で生計を立てる自給自足型生活)に密着した我欲の追求のみを生存の基盤とし、それゆえに金欲はなく、開発欲も極めて希薄であったと見なして間違いないであろう。とはいえ、一人で我欲を満たす努力をするよりも、集団でそれに対処する方が効率的な場合が少なくない。とりわけ、技術や知識の豊富化が進み、また、我欲が多様化するにつれて、ますますこの傾向は強くなるであろう。人間集団の初期形態の一つとして、部族が出現したのはこうした事情によるところが大きいと思われる。そして、この頃から農地の造成や給水の確保などという開発欲が作用しはじめたのかもしれない。

しかし、我欲の多様化とその達成は、部族の技術・知識や、彼らが置かれた環境によって、それが大きく制約される。この制約の緩和を目指して、部族間交換(闘争による略奪的交換も含む)が生じることになる。そして、さらなる我欲の多様化を促し、かつ、これに対処するために、多数の部族間での相互交換に転化・拡大していく。このような交換の複雑化・膨大化を効率的に処理するために出現してきたのが、貨幣とその普及だ。それだけではない。こうした貨幣は蓄積することによって、他の財との交換力が飛躍的に高まり、貨幣を多く持てば持つほど、多くの我欲の達成が可能だと見なされるようになる。ここに貨幣固有の価値が出てくる。金欲は、まさにこの価値拡大の享受への欲望だといえる[9]。こうした金欲が高まるにつれ、これに開発欲が作用し、新たな行為や方法を確保しつつ、さらなる貨幣の蓄積を志向するようになる。このような志向がビジネスの出現と拡大を促していくことになるのである。

V　金欲・我欲・開発欲の相互作用

多様な欲望は、「金欲」「我欲」「開発欲」の三つに識別・類型化でき、これらの相互作用を考察する

図表2　3つの志向に対応する欲

適応志向――金欲 充足志向――我欲 変化志向――開発欲

ことによって、多くの人間特性が検出される。

たとえば、さまざまな我欲を抑制し、金欲を追求する人間は、資本蓄積に貢献する資本家に、金欲と開発欲の双方を達成しようとする人間は、ビジネスを創出する起業家に、また、我欲よりも開発欲を標榜する人間は、社会を革新する発明家にと、それぞれ位置づけることができる。

そして、個性的な我欲の顕現は、ファッションや世相の誘発に結びついていく。人間が、社会に対処しつつ、自律的に生きていくためには、少なくとも、

・適応志向（他人や組織との軋轢《あつれき》を極小化してスムーズな関係を築こうとする意欲）
・充足志向（多くの局面で満足を求めようとする意欲）
・変化志向（飽き・退屈を極小化しようとする意欲）

の三つが必須となるというのが我々の人生観でもある。ここで、適応志向は金欲、充足志向は我欲、変化志向は開発欲に対応している（図表2）、ということを強調しておく[10]。

この点を言い換えると、空間的（地域的）かつ時間的（歴史的）な人類の在り様は、金欲・我欲・開発欲の相互作用を把握することによって、それらの特徴を明らかにすることができる、ということを意味している。すなわち、人間や社会の考察には、欲望の把

握が極めて有効だといっても過言ではない。

Ⅵ 金欲への志向は崇高な人間的行為の一つ

我々の研究は、人間行動を欲望から捉え、これを基盤としてビジネスの理論化を目指そうとするものである。ここでは、ビジネスは、金欲の達成を実現するために、個々の人間の欲望(我欲)を組織化する行為、この場合、人間の開発欲がそのダイナミックスに大きく作用する行為として捉えていかねばならない。こうした見方は、ビジネスは、「顧客づくり」や「社会への貢献」を目的とし、利潤の獲得はその手段でしかない[11]、という正統的かつ古典的な見解とは少し異なるように見えるかもしれない。利潤の確保を人間の金欲の一つとして捉え、これを組織的に達成することこそがビジネスの本質である。後にも述べるが、こうした金欲への志向は、西欧の中世カトリック思想などでは卑下された時期もあり、日本の武家制度にも同様な傾向が見られたこともあったようだ。しかし、金欲は決して卑しいものではなく、むしろ崇高な人間的行為の一つとして位置づけられる、ということも論証していく。

2 欲望からみた社会システム

Ⅰ 個人による欲望の調整

個々人は、実に多様な欲望を生存の牽引力としているが、それらは前述したように、金欲、我欲、開発欲という三つに類型化できる。後にさらに明らかになるが、我欲が人間欲望の基底を成し、金欲や開発欲は、そうした我欲の高度化、あるいは社会化として位置づけることもできる。人間は、この三つの欲望類型をどう調整し、どれを重視するかによって、その生存の在り様が決まってくる。たとえば、金欲や開発欲よりも我欲の追求を優先するのが凡人、金欲や開発欲を活かそうとするのが才人（「金欲型才人：資本家など」「開発欲型才人：技術者・研究者など」「金欲&開発欲型才人：起業家など」）と見なすこともできる[12]。

Ⅱ 権力機構と欲望の調整

人間は、あらかじめ目的と手段を構想し、これを達成したいという動機づけ、すなわち欲望の発動を梃《てこ》にして、初めてその生存を現実的に確保できる。だからこそ我々は、人間と、そのさまざまな活動の本質は、多様な欲望の発動によって捉えることができる、ということを強調している。そして、こうした欲望は、始原的には個々人によって発動される。したがって、個々の人間が社会を形成するようになると、人間の集まりは、そのままでは個々人のさまざまな欲望の坩堝《るつぼ》となるため、そこでは、欲望同士のぶつかり合いが頻繁かつ広範に生じてしまい、いわゆる「万人の万人に対する闘争」[13]が生じてしまうことになる。

そのような事態を調整し、闘争・軋轢の極小化を図るために、社会（何らかのルールによって人間行動が規定・調整される人的集合を指し、国際社会から私的グループに至るまで、大小さまざまな人間集団を含む）による人間行為の組織化がなされ、権力機構[14]が相応の効果を発揮することになる。

Ⅲ なぜ人間は欲望の調整ができるのか

人々が自分の欲望をむき出しにすると、既に指摘したように、闘争と混乱が生じる。これを回避するために、社会という権力機構を形成して、その下で欲望の調整が図られることになる。

ところで、なぜ人間は、この権力機構による欲望の調整ができるのか？　それについては、人間が継起的に新たな文明をつくり出す能力があるからだ、と理由づけることができるであろう。より具体的には、人間は一見、混沌とした自然現象や社会現象から規則性を見出し、この規則性にそって、欲望の発動と行為の効率化を図ると同時に、そうした規則性のズレ・矛盾の発生から新たな欲望とそれによる対応策（新たな規則）を創出する能力、すなわちルール（規則性）を主体的に更新する能力を有している[15]。

したがって、権力機構による欲望の調整も、権力(認定された力関係)という規定(ルール)と、その更新を展開できる人間の能力そのものの顕在化だといえる。そして、この見方の意味するところは、人間はいかなる権力でも、これを変える能力を持つ、ということでもあろう。

もう一歩踏み込んで言及すると、人間は権力機構を絶え間なく創出・更新することによって、個々の人間の能力はもちろん、社会的能力を有意に高めることができたといえる。

Ⅳ 思想主導型権力機構と戦略主導型権力機構

人間の欲望からくる闘争・軋轢の極小化を図る権力システムの一つとして、思想主導型権力機構と呼び得るものがある。これは、あらかじめ構成員が組織統合から外れた欲望を抱くことを規制・排除するために、「意図された組織文化(たとえば「我々は○○の方向を目指さねばならない」という統一した思想・道徳観を構成員に信奉させる規律・文化)」を構築することを指す[16]。典型的な例として、祖先の業績を賛美する道徳律を訓示化して、これによって臣下を統制した専制君主制を挙げることができる。現在でいうと、家訓や創業精神を従業員に浸透させ、これを組織統合に活かそうとする企業も少なくはない。そして、それらは多かれ少なかれ、ここでいう思想主導型権力機構の性格を含んでいる。

もう一つの権力システムとして、戦略主導型権力機構がある。これは、人間の欲望を規制するよりも、むしろ、個々人固有の欲望を特定の戦略方向に誘導・統合していくことに重きを置く権力機構である[17]。この場合、もちろん企業などの組織主体が策定・展開する戦略が、重要な役割を担っていく。すなわち、戦略に応じて各々の機能部署に構成員を配置し、個々人の欲望を活かすことになるが、その際、彼らの欲望とそれに基づく能力を徹底的に考慮・重視・評価していくシステムが、ここでいう戦略主導型権力機構である。このシステムでは、多様な欲望を持つ構成員が、自分のどの欲望をどのように活かして未来を築けるか、という観点から、彼らの遂行意欲と成果が決まることになるが、それは戦略の稚拙そのものと大きく係《かか》わってくる。つまり、良き戦略が良き人間(自分の欲望を有効に活かす人間)をつくり出していく、という表現が可能になるかもしれない。

V 良き戦略とは

戦略とは、既によく知られているので詳細は省くが、簡単にいうと「環境適応の方法論」であり、社会・組織の生存に必須となる権力機構の構築・改善・変革の決め手となる方策を指している。そこでは、組織の強み(優位な経営資源)にマッチする環境の選択と創造が希求され、それに基づいて資源蓄積と環境対応との相互作用の動態化が図られる。

企業という組織が直面する環境は、それがいかなるものであっても、時間的にも空間的にも多様化が進んでいく(技術や需要等の変化も激しく、企業が対象とする市場もさまざまな需要が混在化していく)ことになる。こうした多様化に企業が成功裏に適応していくためには、組織自体が多様な能力(資源)を蓄積・発揮できなければならず、そのためには、多様な人的能力の発生源となる多様な欲望を活かしつつ統合していく、ということを実現できる戦略(「良き戦略」)の策定・展開が必須となる。

Ⅵ 思想と戦略の一体化と思想による統制の悲劇

長期にわたって歴史を展望すると、権力機構は、その比重が思想主導型から戦略主導型へと移っていく傾向も窺《うかが》われる。それは民主主義の進度と強い相関を持っているといってよい。まず、世界史を俯瞰すると、古代に遡《さかのぼ》るにつれ、専制政治など、特定の思想による支配(思想主導型権力機構)がほとんどを占めていたが、近代になると、民主政治の拡大を背景としつつ、戦略(環境の変化に適応していくために策定された方針)によるルール化に基づく組織統合(戦略主導型権力機構)が増えてきた。とはいえ、発展途上地域で人民の政治意識が低い国々や、共産主義の独裁志向性が強い大国などにあっては、いまだに思想による統制(思想主導型権力機構)が幅を利かしている。

このように長い目で歴史をみると、民主主義の発展とともに、思想主導型権力機構が減衰し、戦略主導型権力機構が拡大していく傾向を窺うことができる。しかし、どの国においても、少数かもしれないが、思想主導型権力機構を賛美する人々が存在し、彼らは思想の重要性とその遵守を情熱的に訴えてきている。たとえば、日本民族の神話的道徳を誇り、これによって国民の団結力を高めようとする動きがそれである。あるいは、ビジネスの領域で創業の精神を従業員に浸透させ、これによって組織活動の統合を図ろうとする動きも、同様な性格を有している。

この思想重視が、戦略の策定・展開と連動している場合、言い換えれば、思想主導型と戦略主導型とが有機的に繋がっている場合は、環境変化に対して強靱で、かつ、非常に長い期間、優位な勢力を保つ権力機構の形成・存立も可能となる。いわゆる老舗には、こうした頑健な企業が多いことに気づく[18]。

しかし、思想による組織の統合を重視・信奉する人々には、戦略を重視しない人々、あるいは、強固な思想の遵守が組織の存続・成長の基盤となることを信じている人々も少なくない。こうした人々が権力の中枢で動き出すと、当該組織の構成員の各々は、権力者が信奉する思想に同調させられ、戦略に合わせて自己の欲望を作動・活かすことができず、環境変化に取り残されてしまう恐れも大きい。戦略に基づいて動いている組織と比べ、こうした思想統制型権力機構は、当初は華麗に見えるかもしれないが、時が経つに連れて明らかに劣化し、悲劇に終わることが多い。我々は、政治レベルではこの典型を、ナチスによる失敗にみることができる。また、ビジネスの世界では、急成長したかのように見えた企業が、狂信的な経営者によって、間もなく破綻していく事例に何度か遭遇している。

Ⅶ 組織能力——切磋琢磨の統合

組織は環境の不確実性に対処して存続・成長する。そして、こうした環境の不確実性は、技術や知識等の高度化に応じて、趨勢的に拡大していくと捉えることもできる。ここでいう環境の不確実性とは、空間的多様性(たとえば、ある時点の思考や欲望などの多様性がさらに拡大していくこと)と時間的多様性(たとえば、技術や知識などが時代とともに大きく不断に変化していくこと)のミックスを指す[19]。したがって、組織には時代を経るごとに、こうした環境の不確実性が拡大していくため、それへの多様かつ的確な適応力が、ますます要請されてくる。その意味で、組織能力は多様性を基盤にして拡充されていく必要があり、そこでは、多様な人的能力の確保と育成が必要となる。ここで重要なことは、組織の統合とは、特定の思想や考え方でこれを統一・支配するのではなく、人間の多様な欲望や、それに基づく思考による切磋琢磨を、しかるべき方向にまとめ上げていく(統合していく)ことを指す、という点にある。

Ⅷ 思想は思考を展開していくための「学びの資料」

我々は、組織の基礎となる権力機構の作動においては、思想主導型統合よりも戦略主導型統合の有利性を強調してきたが、このことは、思想が備える効力や重要性を否定しているわけではない、ということを述べておきたい。

思想は、人間のみが創造できる価値体系であって、個々人の教養を豊かにし、文明史が展開される基礎となるものであるが、それはあくまでも個々人の思考の訓練を通じて、世に公表かつ活用され、それが間接的に社会の発展に寄与するという性格を有している、ということを忘れてはならない。言い換えれば、思想は、組織を動かす司令塔ではなく、個々人が、他者から強制されることがない自由な思考を展開していくための「学びの資料」である、ということを知るべきであろう。

組織は、特定の思想による統合ではなく、構成員のさまざまな欲望に基づく、多様な能力と思想を統合する仕組みである。優れた思想は、個々の構成員による自助学習を通じて、社会や組織に活かされる、ということを確認しておく必要がある。

3 欲望からみた人間とビジネス

Ⅰ ビジネスの始原としての金欲——社会の形成

人間を含む動物は、俯瞰すると、程度の差はあれ、本能を含みつつも欲望と見なされる動機を生存の必要条件としている[20]。とりわけ人間は、さまざまな欲望の実現を目指すことを必須として、あるいは生き甲斐として生存、かつ、進化してきたといえる。以降では、他の動物と比較すると、本能の割合がはるかに低いとされている人間の欲望に配慮しながら、ビジネスの解明に論述の焦点を当てていく。

人間の欲望にはさまざまな種類があるが、ビジネスでは多様な人間の多様な欲望をどう活かし、これをどう統合していくか、というパズルを解きつつ、しかも、このことを利潤極大化という組織の金欲の達成に結びつけていくことが求められている[21]。

これも繰り返しになるが、まず、次のことを確認しておこう。人間が欲望の達成に奔走すると、他者との軋轢や争いが生じる恐れ[22]も大きい。それは、当人の欲望達成が、他人のそれに支障を与えるだけではなく、世間からの怨嗟を誘発することも少なくないからであろう。そこで人間は、そうした支障や誘発を防止・調整するために、人間同士の関係を権力的に制御する機構(権力機構)を導入し、その安定化を図る仕組み、すなわち社会[23]を形成して、その機能を強化する方向に軸足を移してきた。

図表3　駆動する3つの欲

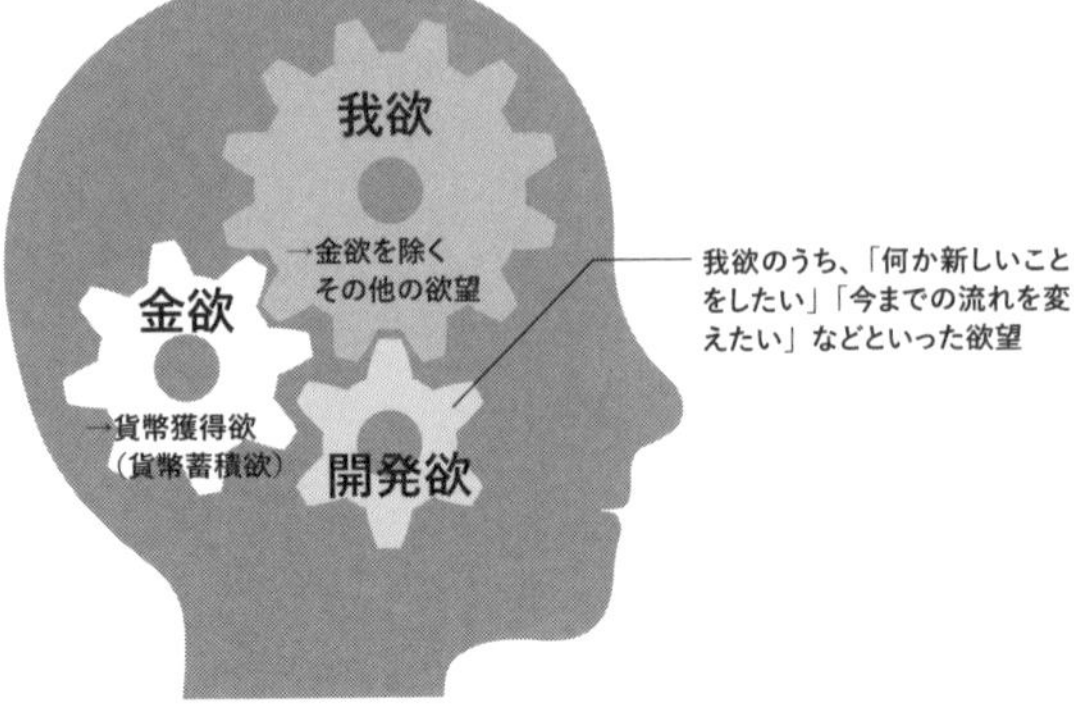

ビジネスは、社会形成の一つであるが、その基底に金欲（貨幣をできる限り多く獲得かつ蓄積したいという欲望）の特性を活かしつつ、そこに組織の統合を託した権力機構として捉えることができる。

Ⅱ「金欲」「我欲」そして「開発欲」

欲望は、既に指摘したように、意識するしないにかかわらず、生じ得る目的（より平易には「したいこと、せざるを得ないこと」など）の達成を動機づける役割を担っている。その動機づけの内容は、たとえば食欲、性欲、出世欲、権力欲など、有史以来、著しく多様化してきている。まず、我々が強調したい点は、かなり古くから、こうした欲望の一つとして、貨幣をできる限り多く手に入れたいという欲望、すなわち貨幣獲得欲（貨幣蓄積欲）があるということだ。しかも、この貨幣獲得欲は、他の欲望とは異なる位置づけが必要だということである。そして、我々が特に論じたいことは、後者でいう貨幣獲得欲の位置づけ、すなわち「貨幣獲得欲は、欲望として、これをどう位置づけるべきか」

という点にある。

なお、何度か述べてきたように、以降でも、貨幣獲得欲を「金欲」と呼び、食欲、性欲、出世欲、権力欲など、他のすべてを「我欲」と呼ぶことにしよう。そして、この我欲のうち、「何か新しいことをしたい」「今までの流れを変えたい」などといった欲望を「開発欲」と呼ぶことにしたい。ここで「開発欲」は「我欲」の一つに含まれていることに留意してほしい。それゆえ、以降では、「金欲」と「我欲」との比較が為されることも少なくないが、その場合、「開発欲」を含んだ「我欲」であることを知っておいてほしい。

以降では、「金欲」と「我欲」、および「開発欲」とが相互に関連し合ってビジネスが展開されていく、ということを理論化していこう。

Ⅲ 異なる欲望の同時化——金欲の手段化

人間には、異なる動機が同時に生じることも多く、したがって、異なる欲望を同時に達成しようと目論むことも少なくない。これを、ここでは欲望の同時化と呼んでおこう。こうした欲望の同時化は、日常茶飯事に生じ得る現象だといっても過言ではない。

たとえば、新しいビジネスをはじめたいという欲望と、金持ちになりたいという欲望は、同時に生じることが多い。また、美しい女性と高級レストランで食事をしたいと願う男性がいて、女性からさらなる好意を得たいという欲望の他に、高級レストランで食事ができることを誇示したいという欲望を抱いているかもしれない。

したがって、金欲と我欲との同時化という事態も少なくない。他者に自らを誇示したいという我欲を満たすために、金持ちになりたいという金欲を抱くことも多いし、時には有名レストランで豪勢な夕食をしたいという我欲を実現しようとして、そのために貯金を殖《ふ》やしたいという金欲が生じることもあるだろう。

ただし、このような金欲と我欲との同時化は、我欲を満たすために金欲が必要条件とされる、という関係にあることに注意されたい。その意味で、金欲と我欲の同時化は、主として、後者(我欲)の実現に向けて前者(金欲)を手段化する事態を意味している。こうした手段的性格が、金欲の我欲一般に対する重要な差異となっている。

Ⅳ 金欲の機能——我欲達成の制約条件

前述のような異なる欲望を同時に満たそうとする他に、欲望のどれかを選択することも頻繁に生じ得る、という点にも注目する必要がある。人間は、時間と空間の制約から逃れることができないため、抱いているすべての欲望を同時に満たすことができず、そのどれかを選択せざるを得ないことも多い。たとえば、食欲を抑えて体型のスマートさを維持したいという欲望を優先する、というような事態はよくあることだ。

既に見てきたように、金欲は、我欲達成の手段として位置づけることができるため、金欲と我欲のいずれかを選択するか、という問題として捉えるよりも、むしろ金欲は、我欲を達成するための基盤（あるいは制約）として機能する、と考えた方がよい。

Ⅴ 手段の目的化――金欲の優先化

金欲は、すべてとはいえないが、貨幣経済の発達に応じて、我欲のほとんどを達成するための重要な手段となってきた。そのため、金欲を達成できる程度が高ければ高いほど、我欲の達成が容易になる、という事態も一般化してきた。たとえば、金持ちになればなるほど、高級なレストランで何度も食事をしたい、高級な自動車を乗り回したい……などという我欲の達成が容易になるであろう。そのため、人々は我欲の達成よりも、まず、金持ちになろうという金欲の達成を目論むことも多くなる。

すなわち、手段としての金欲の達成が、我欲の達成よりも優先し、手段が目的化してしまう、という必然性に注目すべきである。このことは、交換のための効率的手段として生まれた貨幣が、市場経済の発展とともに、起業などのための資本蓄積機能を担っていく、という史的展開[24]と同様な事態として見なすこともできる。

Ⅵ 金欲の事前性と抽象性

金欲の達成という概念に関して、ここでの捉え方を特定化しておきたい。さしあたって、金欲の達成は、他の欲望（我欲）の行使を含まず、自助努力による貨幣の蓄積欲のみを指す、と定義する。たとえば他人から金を盗むことも、確かに金欲の達成といえるかもしれないが、ここでは、こうした行為を除き、社会的正当性を満たすものを金欲達成の行為と見なすことにする。なお、金を盗むことによる金欲達成は、「努力をせずに金を手に入れる：努力回避欲」あるいは「盗みを楽しむ：窃盗欲」という我欲の行使を含む、と見なすこともできることに注意されたい。

まず、金欲は、文明の発達に応じて普及かつ一般化してきた欲望であるが、この達成だけでは、人間の生存には実質的な影響をほとんど与えず、それは、我欲達成のための事前的準備として位置づけられて初めて機能する。たとえば、腹が空いて何か食べたいという我欲（食欲）は、金を得るだけでは達成できず、その金で食料を買って食べることが可能になったとき、初めて人間の生存に対して有効となる。つまり、金欲は我欲の事前的準備として機能する。

このような金欲の我欲に対する事前性は、たとえば、どの我欲の達成のためにどれほどの金が必要か、また、どの我欲の充足に金を優先的に使うべきか、などという判断にも役に立つ。言い換えれば、金欲は、多かれ少なかれ個々の我欲を概念的に制御・識別する効力を内在させている。その意味で金欲は、我欲の抽象化として捉えることもできる。

Ⅶ　金欲の汎用的手段性と他者の金欲への配慮

貨幣は、具体的な我欲の各々を満たすために使うことができるが、時代を経るにつれ、具体的な使い道が混沌《こんとん》としているときにも、貨幣が獲得されることが多くなっていく。むしろ、現代では、さまざまな我欲（具体的欲望）を満たし得る、という期待の下で、貨幣獲得への欲望、すなわち抽象的欲望としての金欲が生じる、という点にその固有性を見出すこともできる。つまり、金欲は、我欲達成に向けて、汎用的手段とも成り得るのである。

さらに強調したい点は、金欲は抽象的であるがゆえに、他者の金欲の充足に貢献することによって、自分の我欲の直接的発動による、他者との軋轢・闘争を調整できる、という機能を発揮することである。すなわち、他者の金欲の活用は、自己の「闘争なき我欲の実現」に貢献できる、という効果をもつ。たとえば、経営幹部が従業員の給与を引き上げ、さらに、労働組合のリーダーに金を与えることによって争議を回避しようとするのは、従業員の金欲に配慮した経営者の判断であろう。極めて卑しい例ではあるが、激しい受験戦争を回避するために、金で有名大学に入ろうとするのは、「金の力によって、受験という闘争をできる限り回避したい」という意向も含んでいる。

Ⅷ 貨幣の機能とビジネス——人間関係の効率化

貨幣の機能については、既に多くの研究がなされているが、我々が新たに強調したい、最も重要と思われる貨幣の機能の一つは、既述からも推察できるように、我欲を金欲で調整することによって、我欲の直接的発動から生じる闘争を極小化できる、という点にある。このことから、貨幣の授受が、人間関係から生じる軋轢を極小化し、人と人とを効率的に結びつけ、そこから生じ得る協働の成果を極大化することを目指している、という論理も導き出すことができる。より端的に表現すると、金欲によって獲得された貨幣は、我欲を調整しつつ、人間による組織[25]の構築を容易にしていく機能を発揮する。

ビジネスも、もちろん金欲によって我欲を調整する、という普遍的な人間行為の一つであるが、それが組織として展開されるという点に、その固有性を見出すことができる。少なくとも現代では、ビジネスは最も深く金欲の実現と係わり、それは、人間を構成員とする組織が、貨幣で計算できる利潤の極大化を目指す行為そのものである。ここで、ビジネスは経済的色彩が濃いとはいえ、人間同士の関係性を最も効率的に構築する機能を有している、という点を我々は重視すべきである。まず、利潤獲得の一つの基盤となる貨幣の獲得は、組織が顧客と良好な交換(売買)関係を築くことによってなされる。

次に、利潤獲得のもう一つの基盤となる費用の抑制は、構成員間の関係から生じる協働作業の効率化に大きく依存している。そして、個々の構成員の能力を発現させ、その成果を経営者が活かすためには、彼らに金銭的インセンティブを提供することも必要となる。以上からビジネスの特質は、金欲と関係構築とを繋ぐ高度な人間的行為そのものだといえる[26]。

Ⅸ ビジネスにおける環境適応の本質的特徴

ビジネスとは、金欲の組織的達成を目指し、当該組織の構成員(従業員)の金欲達成の負担を大幅に軽減し、彼ら(構成員)の多様な我欲を統合しつつ、組織の成果の極大化を狙う仕組みである。ここで強調したい点は、構成員のさまざまな我欲を開発欲に転化する、という点に、ビジネスの環境適応の本質的特徴を見出し得る、ということである。ビジネスにおいて開発欲が弱化・喪失化する動きがあると、それは、企業が従来の実績と方式に依存するだけであって、環境の変化を主体的に取り込むことができず、衰退の一途をたどることになる。したがって、我々のいうビジネスは、「金欲の組織的達成↓構成員の我欲の活用↓構成員の開発欲への刺激とその創発」という戦略を必須化することによって、環境の変化を乗り切ることができる、という点にその特徴を見出し得る。

X 資本主義の精神

ビジネスを立ち上げる(起業する)ためには、資金が必要となり、起業家には金欲とその達成が必須となる。そこで必要となる金額は、通常の生活費などと比べ、膨大な量に達する。我々は、こうした金欲の達成能力が起業家の優劣を決める重要な指標の一つだと認識している。先にも述べた通り、世界の主要地域(西欧など)の歴史を紐解くと、金欲を軽蔑する風習と制度[27]を確認することができ、かつ、今でも金欲を低評価する人々も散見される。しかし、現在、経済展開の基盤となっているのは資本主義の思想であり、この資本主義が機能するのは金欲の駆動力によるところが大きい。

ビジネスに必要な金のすべてを、他人からタダで融通してもらうという場合は極めてまれで、普通は起業家自身の金欲の達成によってこれを稼がねばならず、そのためには我欲を犠牲にせざるを得ないことも多い。起業家は、さまざまな制約の中で自己の金欲を達成するために、我欲を徹底的に抑制し、貨幣の蓄積(金欲の達成)のために働くことに専念すること、言い換えると「刻苦《こっく》精励《せいれい》・勤勉・時間を惜しまず働くこと」の励行こそが、成功した起業家が拠り所とする精神そのものだといえる[28]。実は、こうした捉え方は、かの有名なヴェーバーによって既に指摘された「資本主義の精神」とほぼ同様な見解と見なし得る[29]。

XI 欲望からみた「ビジネスと生活との違い」

生活とは、欲望とその達成を動機として展開される、人間の諸活動の総称である。それは、財(物財とサービス財)を消費することによって、本能と精神を躍動させる欲望を満たそうとするプロセスに重きを置いた概念でもある。個々人の生活の特徴は、彼らが多様な我欲のうち、何に重きを置き、それらをどう満たしていくか、ということの解明によって記述される。つまり、生活は、金欲とその達成を制約条件として、多様な我欲の追求として、それを把握していかねばならない[30]。

ビジネスと生活とは、欲望の追求という視座からみると、大きくは二つの点で異なる。一つは、ビジネスは組織で欲望に対処し、生活は個々人で欲望を追求する。もう一つは、前者は金欲とその達成に重きを置き、後者は多様な我欲を満たすことに重きを置く[31]。

1 欲望は、需要創造を目的の一つとするマーケティング研究で精力的に扱われてきた。こうした研究をレビューした優れた作品として大友(2003、2004)を挙げることができる。我々の研究は、大友氏の研究から大いなる刺激を受けたことに端を発しており、ここに謝意を表したい。なお、大友氏の研究は、財の使用・消費に関する欲望に焦点が当てられている。しかし、本稿では、我々は欲望を人間行動の駆動力として捉え、欲望こそが人間の生存・成長の基盤となる、ということを強調していく。

2 Murray,H.(1938),Exploration in Personality,Oxford University Press

3 Maslow,A.(1954) Motivation and Personality, Harper Collins Publishers

4 この二つの研究は、人間の多様な特性の1分野として欲望を捉えているようだ。

5 オートポイエーシスや閉鎖システムについては、マトゥラーナ&ヴァレラ(1980)、西垣(2013)の研究を参考にされたい。

6 本研究では、ビジネスを金欲達成のための組織的活動と見なしている。

7 Maslow, A. (1958). A Dynamic Theory of Human Motivation, Howard Allen Publishers

8 ここでいう開発欲には、何らかの利己的な我欲が含まれていると見なし得る。

9 「交換から貨幣が生まれる」という常識は、「我欲から金欲が生まれる」という論理につながっていく。

10 ここでの主張はアルダファー(1969)のERG理論と同様の結論となっている。我々のいう充足志向(我欲)はアルダファーのいうExstence(生存欲求)に、適応志向(金欲)はRelatedness(関係欲求)に、変化思考(開発欲)はGrowth(成長欲求)に、それぞれ対応づけることができるであろう。

11 これは、有名な経営学者ドラッカーの見解でもあり、この辺の事情についてはコーエン(2013)で確認できる。

12 こうした見方はアリエティ(1980 訳:加藤・清水)からヒントを得ている。

13 17世紀に活躍した著名な政治学者ホッブスの名著『リヴァイアサン』(1954-1984訳:水田洋 岩波書店)に出てくる名言。

14 我々がいう権力機構は、特定の規則(ルール)によって作動する、人間を構成員とする仕組みを指す。ここでは、構成員がルールに従って行動するため、そのことが行動を規定する権力として機能する。

15 これは、文明をつくり出す人間の科学的能力そのものだといえる。この点については、端山好和著(2022)『自然科学の歴史』(講談社学術文庫)から貴重な示唆を得ることができる。

16 ここでいう組織文化とは、組織の構成員に共通する価値観と行動パターンを指す。

17 権力は二つの機能を含む。一つは、構成員の行動規制であり、もう一つは、構成員を特定目的に方向づけることである。ここでいう誘導は後者を意味している。

18 この点は大友(2010)でも指摘されている。

19 ここでいう不確実性とは、事態が極めて複雑なため、その対応に的確かつ注意深い戦略が要請されることを指す。複雑性を統計学的に表現すると、「事象を特定化することが困難である：当該事象の出現確率が極めて小さい」ことを意味し、それは多様性を表示している、とみなすことができる。

20 ここでいう欲望は「目的と手段を達成しようとする志向」を指し、本能に近いものから高度な精神的なものすべて含んでいる。たとえば、アレント(2007訳：中山)のように、欲望を理性による抑制対象と位置づける見方も少なくないが、しかし、我々は、理性は欲望の発生源の一つともなると考えている。

21 我々は、ビジネスも人間の欲望から生み出された仕組みであり、それは金欲を組織として実現する権力機構である、と捉えている。

22 たとえば、近世哲学および政治学の先駆者の1人として有名なホッブスは、著書『リヴァイアサン』において、人間が欲望の達成に奔走する危険を社会的に抑制しない限り、「万人の万人に対する闘争が生じる」と述べている。

23 ここでいう社会は、明示的であれ非明示的であれ、人間関係が相応に機能する集団を指す。それは、趣味などを介して繋がる小集団から、政治を介して繋がる国家などの大集団に至るまで、実に多様な類型を識別できる。こうした集団は、権力の行使によって、構成員同士の関係が制御・統合される、という側面があることに我々は注目すべきであろう。加藤(2014)はこの点についての有益なヒントを与えてくれた。

24 ここでの表現は、マルクスのいう「貨幣の資本への転化」という概念とほぼ同義だといってよい。

25 組織が機能するのは、権力機構によって、多様な構成員の価値観と行動を特定方向に統合できるからである。その形成理論については沼上(2004)が参考になるであろう。ところで、組織形成には、金欲が作用しているのは間違いない。その典型がビジネス組織である(企業の従業員のモチベーションには、少なくとも金欲が作用している)。

26 ビジネスについては確立した学術的定義は見当たらないが、そうした中で竹林&廣瀬(2020)はビジネスの多面的かつ本質的な性格を見事に捉えている。ただし、我々は、ビジネスとは、資本主義社会において、利潤極大化を図るために、統合された人間集団とその戦略的行為を指している、という点を強調したい。

27 たとえば、ルフラン(1986訳：町田・小野崎)によると、中世の西欧では、領主や教会が、領地に関連する人々の経済力から資金を徴収することに必死となっていたようである。

28 この点については上原(2021)、上原・中(2021)が外食業界を研究対象として験証を試みている。

29 ここでいう資本主義の精神については、著名な社会経済学者ヴェーバー(1989訳：大塚久雄)に依拠している。

30 この考え方は、正統派経済学の「所得制約での効用極大化」に対応する。所得制約は金欲調整に、効用極大化は我欲追求に、それぞれアナロジー化できる。

31
ある商品において、売り手が販売で得る金欲達成度と、買い手が購買で得る我欲達成度が同等になったときに、取引が成立することになる。

第2章

マーケティングと組織文化

1 企業を捉える新たな視座

I 金欲を達成する組織――企業の機能

ビジネスは利潤極大化[1]を目指す人間活動であり、これを組織(権力機構)的に展開しようとするのが企業(ビジネス組織)である。利潤極大化は少なくとも金欲に基づくので、企業は、金欲(我々が「金欲」という場合、「金欲の達成」を含むことも多いが、この点の判断については前後の文脈から解釈してほしい)を生存の動機とする(金欲の達成を目指す)組織である、と概念化できる。既に示唆したように、個人(生活者)においては、我欲を達成するための必要条件として金欲を位置づけることができるが、企業では、金欲とその達成が主たる目的となる[2]。

企業の存立根拠について、さらに深堀してみよう。企業では、金欲の達成が組織としてなされるため、個人のそれと比べ、企業の金欲達成の程度は量的に膨大とならざるを得ない。この膨大さのほとんどは、多数の従業員の努力によって達成されることになるため、従業員1人当たりの金欲と、その達成の程度は極めて低くて済むことになる。従業員が、このことに満足している限り、言い換えれば、彼らの労働投入意欲が現在の賃金の獲得を許容している限り、我々は自分の金欲とその達成の程度については、ほとんど気にしなくて済むという点に注目している。より的確に述べると、企業の従業員は、金欲の軽減

図表4　企業の機能

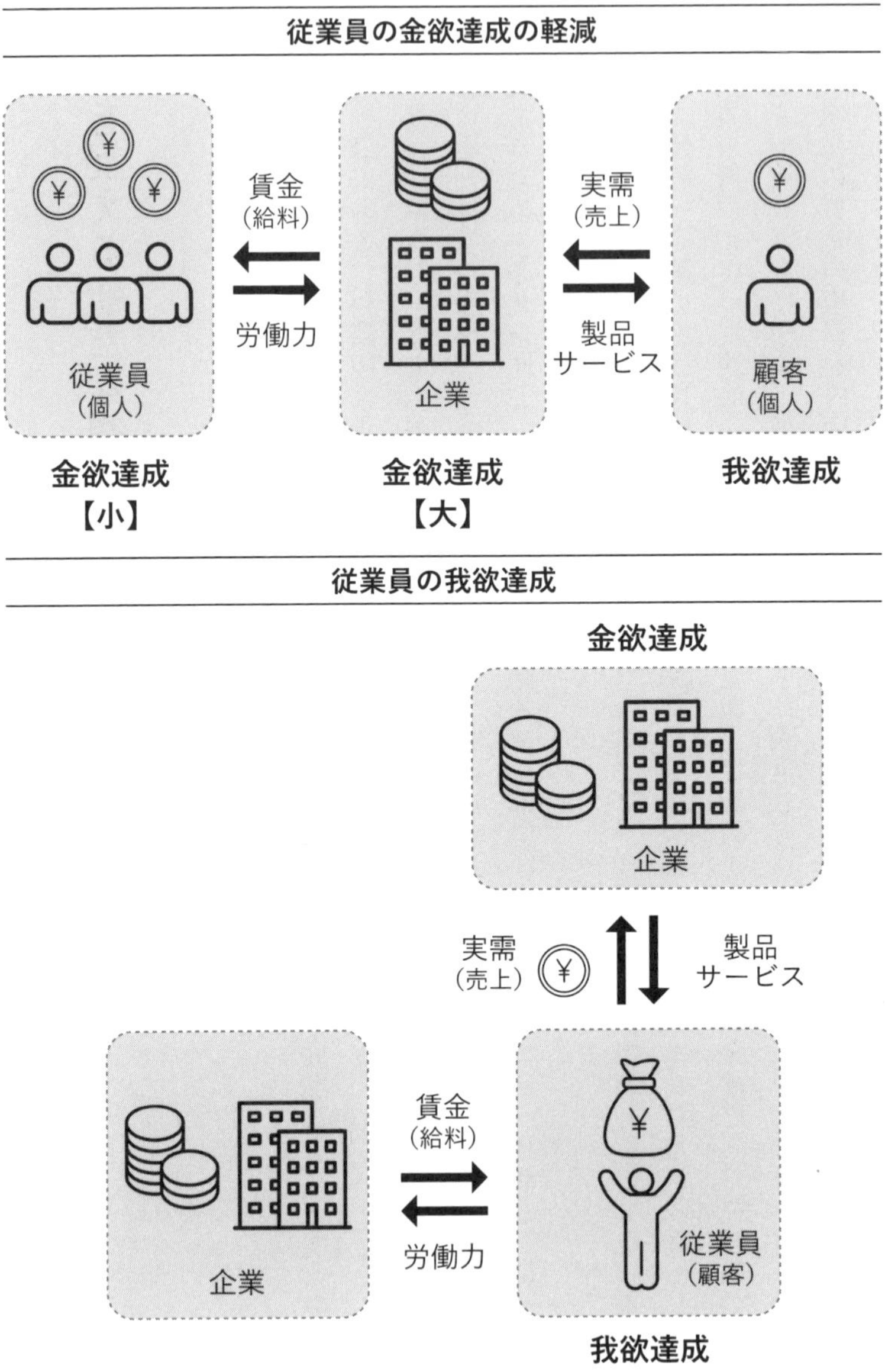
従業員の金欲達成の軽減
賃金
（給料）
労働力
実需
（売上）
製品
サービス
従業員
（個人）
企業
顧客
（個人）
金欲達成
【小】
金欲達成
【大】
我欲達成
従業員の我欲達成
金欲達成
企業
実需
（売上）
製品
サービス
企業
賃金
（給料）
労働力
従業員
（顧客）
我欲達成

分を、賃金（給料）の受容で代替しているのである。つまり、彼ら（従業員）は、金欲の達成労力を軽減することで得た余裕を、我欲の追求に回すことが可能になる。ここでは、そうした「従業員の金欲を有意に軽減させ、彼らの我欲拡大の機会を創り出す」という企業の機能[3]が、その従業員の生活の基盤となっている、という点を強調しておこう。

Ⅱ 経営戦略の骨格――機能展開の3類型

既に述べた通り、金欲の達成を組織的に実行する主体が企業である。それゆえに、企業は、どの程度の金欲をどのように達成すべきか、という課題を継起的に解決していかねばならない。このような課題解決の在り様を、経営戦略（以降では単に「戦略」と記すことも多い）と呼ぶことができる。そうした戦略の概念として、従来は「自社が生存領域とすべき環境の選択・創造と、および、その変化への適応を目指す」という内容[4]が共有されてきた。

このような戦略の概念は間違いではないが、企業（ビジネス組織）だけでなく、あらゆる組織に普遍的に見られる環境適応の態様を述べているに過ぎない。企業には金欲の達成が必然的に含意されている、という解釈をすることによって、初めてビジネス固有の戦略を識別することが可能となる。こうした解釈の内実を明示化するために、さしあたって前述の戦略に関する概念表記の冒頭に、「金欲を満たすために、（自社が生存領域とすべき……）」という文言を入れるべきであろう。こうすることによって企業の戦略を、より特定化できることになる。

経営戦略は、先に述べたように、「金欲を達成するための環境適応↓金を稼ぐための環境の選択とその創造」として捉えることができる。このような戦略を実際に開発・履行していくためには、必要な機能を創出かつ展開していく必要がある。それは、金欲達成に向けてのプロセスの違いに着目すると、次の三つを機能として捉えることができる[5]。

・マーケティング（顧客づくり）
・マネジメント（組織づくり）
・ファイナンス（金づくり）

Ⅲ マーケティング（顧客づくり）の概念

企業は、しかるべき他者、すなわち需要者（使用者または消費者）と総称される主体に、彼らが欲する財（製品または商品：物財とサービス財）を提供してその対価を得る、という売買関係の構築によって、金欲とその達成を可能にしつつ、存続の基盤を確保することができる。需要者は、一般に「生活者：生活する個人」と「産業需要家：ビジネスを展開する法人」に2類型化できる。マーケティング戦略からみると、生活者を対象とする消費財マーケティングと、産業需要家を対象とする産業財マーケティングとでは、その対応が異なっている[6]、ということに留意されたい。

このように、企業が需要者との売買関係を構築していくためには、需要者の購買意欲を掻き立て、か

図表5　需要者の金欲から我欲への変換(消費財マーケティング)

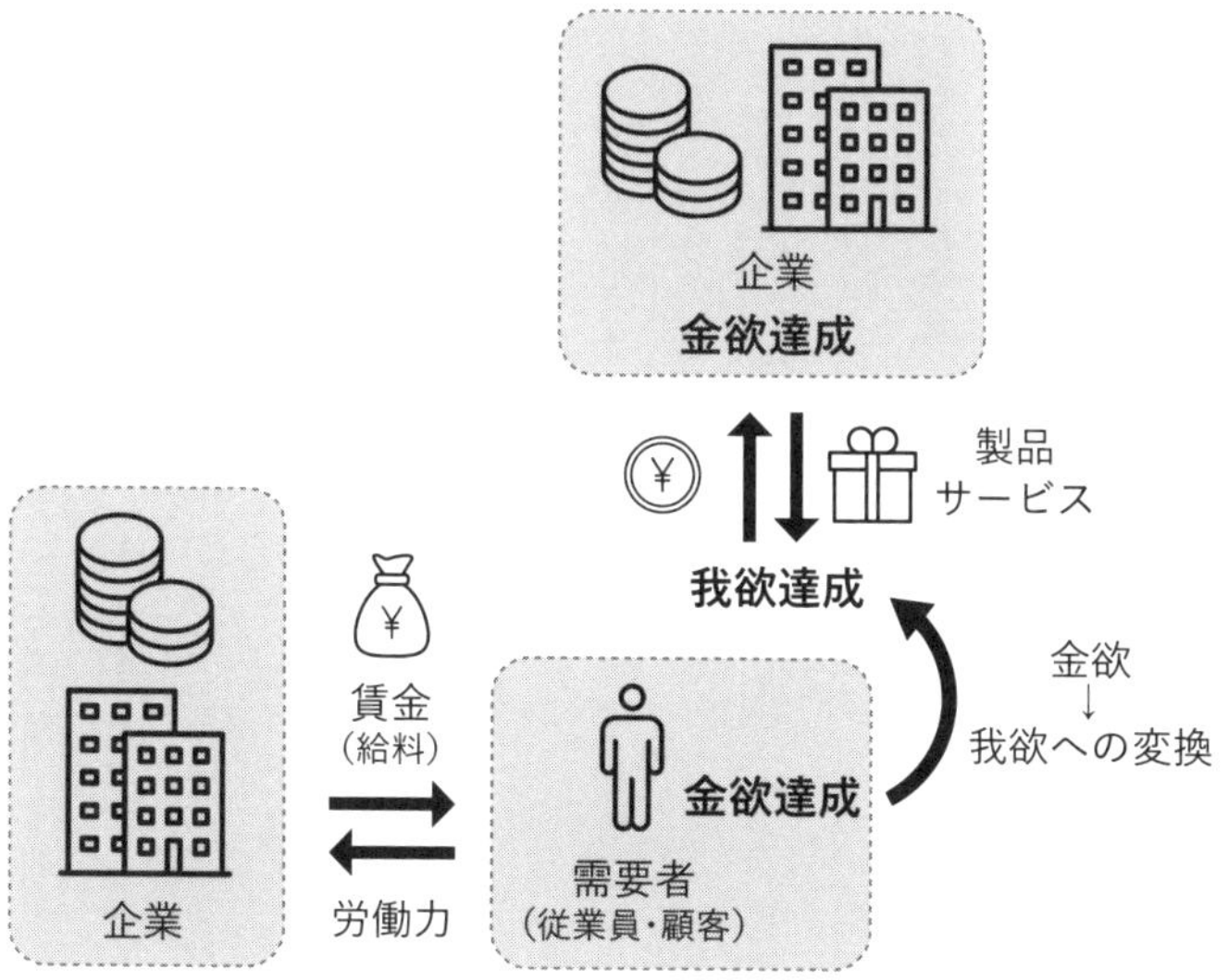

つ、当該財を彼らに到達させる(使用・消費してもらう)努力が必須となる。この努力がマーケティングであり、それは、需要者を顧客化すること(顧客づくり)を主たる目的としている。ここでいう顧客とは、当該企業の存続に足る販売総額の達成に、有意に貢献している需要者の集合を指している。

Ⅳ　生活者の顧客化——消費財マーケティング

前述した需要者の違いによって、2類型化したマーケティングのうち、まず、消費財マーケティング(生活者を顧客化するマーケティング)について、その特徴を述べておこう。生活者がある企業の商品(製品)を買うという行為は、その商品の使用・消費によって何らかの我欲を満たそうとする行為であり、それは、生活者が持ち続けてきた(あるいは、他者等から調達してきた)貨幣を支出すること、言い換えれば、買い手たる生活者が自らの金欲を我欲に変換することによって、それが成就する。つまり、消費財マーケティングの基本機能は、企業が商品を生活者に購入してもらうために、生活者の金欲を我欲に変換することを訴求していく、という点にある。この時、「金欲という抽象レベル」から「我欲という具体レベル」への変換が必要であり、まさに、マーケティング理論でいう4P（「Product：製品戦略」「Price：価格戦略」「Place：販売経路戦略」「Promotion：プロモーション戦略」）が機能していくことになる。

V 産業需要家の顧客化――産業財マーケティング

次に、産業財マーケティング（産業需要家を顧客化するマーケティング）の特徴について述べてみよう。産業需要家が彼らの顧客（こうした顧客には、もちろん生活者も含まれるが、産業需要家も多い）に販売する財（以下では、販売商品あるいは商品と呼ぶ：物財の他にサービス財を含む）を構成する、あるいは、それに係わる部材やサービスを提供していくのが、ここでいう産業財マーケティングである。そこでは、当該企業が、自社の顧客たる産業需要家の販売商品の費用対効果を有意に高めるべく、部材やサービスの提案と提供がなされることが、当該企業のマーケティングに要請されてくる。この場合、当該企業は、産業需要家の販売商品に対する欲望（産業需要家が販売する商品を改善・革新する努力）を誘発・訴求していかねばならない。その欲望は、産業需要家の「我々の販売商品を……のように良くしたい」という我欲[8]として捉えることもできるが、それは、その商品が売れて彼らの金欲を満たす、という成果を実現できなければならない。この点が、消費財マーケティングに対する産業財マーケティングの有意な違いとなっている。すな

図表6　産業財マーケティング

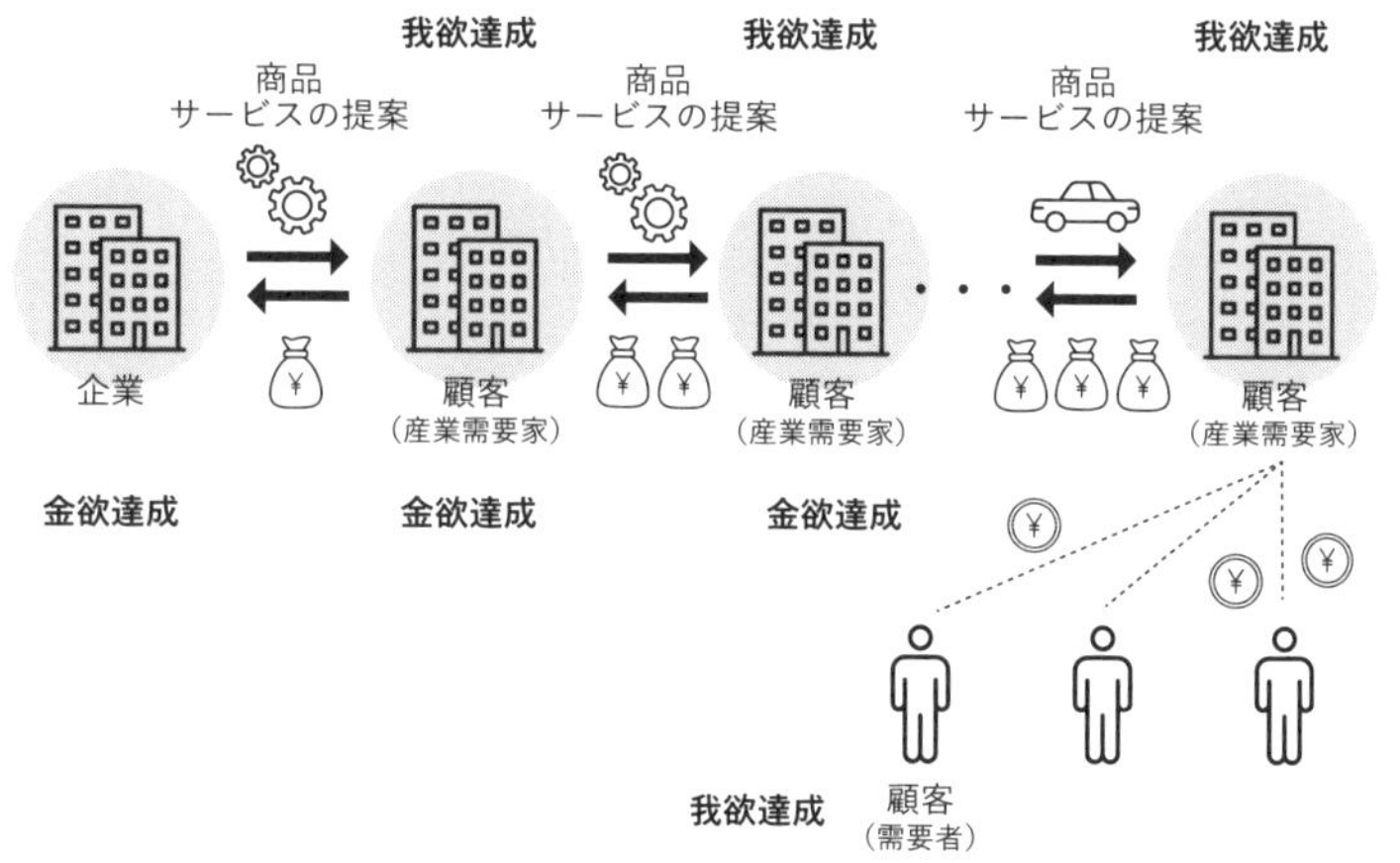

わち、既に示唆しているように、ほとんどの消費財マーケティングは顧客の金欲を我欲に転化することを志向するが、産業財マーケティングは、顧客企業の販売商品に対する我欲（顧客企業が自社の販売商品に託す期待）を捉える他に、彼らの金欲とその達成度をさらに高めていくことにも配慮されなければならない。

今までのマーケティング理論は、消費財のそれに焦点が当てられていたが、前述から推察される通り、産業財マーケティングの理論化においては、より注意深い考察が必要とされる。産業財マーケティングでは、顧客（産業需要家）の販売商品が、最終需要に至るまで、どのような生産段階・流通段階を経て、各々でどのようなニーズが生じるか、また、それらにどう対処すべきか、という川下に連なる情報と知識を獲得していかねばならない。つまり、顧客が関わる多段階に連なるサプライチェーン[9]を的確に把握することが、当該企業の競争優位につながっていく。言い換えれば、産業財マーケティングでは、当該企業の顧客だけでなく、それに続く「顧客の顧客」を把握していかねばならず、その意味で、商品が加工かつ流通されていくプロセス(「欲望のサプライチェーン」)に関する専門的知識も必要とされ、これに基づいた顧客への提案が要請されてくる。

Ⅵ マーケティングと人間の進化

マーケティングの焦点は、顧客の需要(財に対する欲望)に介在することにあるが、そこでは需要創造と需要奪取を識別することが必要となる[10]。まず、需要創造は新たな欲望の創造、言い換えれば、顧客が今まで気づかなかった欲望、あるいは、その人(顧客)が満たすことが困難であった欲望の達成を、可能にすることを目指す戦略である。次に、需要奪取は、顧客が満たされていると感じていた既存の欲望内での、他社から自社への同類商品の入れ替え(他社商品から自社商品への需要移動)を意図するもので、そこには品質差別化(他社商品に対する品質優位を訴求する)と価格差別化(他社商品に対する低価格を訴求する)の二つの方策を識別できる。

需要創造は、新たな欲望の創造であり、それは新しい生活や諸行為の提案と密接に繋がっている[11]。とはいえ、需要奪取においても、品質差別化にせよ価格差別化にせよ、従来の生活や諸活動の改善が意図・訴求されている。

このように、マーケティングは、人々の生活や諸活動の進化、より本質的に表現すると、欲望の誘発・創造を通じて、人間の進化そのものに繋がっている、と見なすこともできる。

Ⅶ マネジメント（組織づくり）――構成員の能力の戦略的統合

ここでいうマネジメントとは、企業固有の金欲を達成するために、戦略にそって権力機構を形成し、それに基づく機能部署の各々に構成員（従業員）を配置し、彼らを戦略の実践に向けて動員していくことを指す。この場合、各々の従業員の行動は統合されなければならないが、その統合は、あくまでも戦略にそって、しかも、彼ら固有の欲望に配慮し、これを活かす方向を目指した分業の仕組みを構築して、それに基づいた人事を行いつつ、そうした分業を体系的なプロセスに変換かつ昇華させていく戦略的統合でなければならない。その意味で企業は、できる限り多くの従業員が、昇進に応じて、経営戦略の策定に参加できるようにすべきであろう[12]。

「創業の精神」や「家訓による理想の追求」などという思想への賛同や、同調などによる統合（思想的統合）は、個々人固有の欲望を活かせず、むしろ、これを抑制する方向に作用する恐れもあり、前述の戦略的統合に比べると、その効果は決して大きいとはいえない。

Ⅷ マネジメントの要諦――能力の基盤としての欲望

欲望は人間行動を駆動させる基盤であって、我々は、ある個人の能力や性格の違いは当人が持つ多様な欲望の違いとして、その多くを捉え、これに対処することができると考えている。したがって、マネジメント（組織づくり）においては権力機構の構築が必要ではあるが、それは、構成員（従業員）の欲望を抑える仕組みではなく、彼らが達成したい欲望を活かしつつ、そこから個々人の能力を引き出すものでなくてはならない。その意味で、権力機構は、戦略を介して（構成員が戦略展開に主体的に参加することによって）、その存続の成否が決まる仕組みであって、統制そのものだけを行なう命令経路ではない。「組織は戦略に従う」というA・チャンドラーの名言[13]は、まさに、この点を強調していると見なすこともできるであろう。

Ⅸ ファイナンス（金づくり）――金欲達成のもう一つの機能

企業の存続は、金欲とその達成を基盤とし、それは、マーケティングによる「顧客づくり」から得られる収入に大きく依存している。これは実需（企業の販売商品が顧客に実際に使用・消費されること：企業と顧客との交換が実現すること）による収入（金欲の達成）であるが、企業は、こうした実需基盤による金欲達成の他に、仮需（ここでいう仮需とは、実質的な商品の売買・交換に基づく需要ではなく、ヒト・組織・モノ・カネ・情報など手持資産の「将来価値への期待」の評価から生じる「見かけの需要」を指す）を活用した金欲達成もでき、この方法を活用することによって、事業の持続に資することもできる。これが、ここでいうファイナンス（金づくり）である。たとえば、株の売買による収入の獲得、不動産価値の上昇を見込んだ資金の調達など、多岐にわたる金融行為を挙げることができる。

人間や組織が、環境の不確実性に適応していくためには、激しく変化・複雑化していく環境に、その都度（バラバラに）対処していくことは極めて非効率なので、企業は、そのために戦略によって適応すべき環境を選び、それを自社に有利な状況につくり変えていくことを必須としている。簡単にいうと、企業は自社に合う環境を創造することによって、安定的な戦略的行為を実現しようと目論んでいるのである。マーケティング（顧客づくり）やマネジメント（組織づくり）は、こうした環境創造から得られる長期性・安定性に焦点を当てた方策・計画である、と見なすことができる。

しかし、ファイナンス（金づくり）は、複雑な環境から長期性・安定性を抽出するのではなく、金融の短期性・変動性への瞬間的挑戦の連続であり、そこから長期的かつ戦略的な方策は生まれにくく、平たくいうと、博打への挑戦であり、金欲を背景とする投機の性格を有している。

こうした冒険的なリスクへの挑戦も、経営の飛躍への期待が込められているかもしれない。だが、企業の長期的成長からみると、あくまでも付随的な金欲の達成だといえる。

2 組織文化に関する一考察

Ⅰ 戦略が組織を統合する

さまざまな欲望を持つ、さまざまな人間を構成員（従業員）とする企業は、彼らの特性や個性を活かしつつも、目標とする利潤を獲得・達成するために、彼らのさまざまな能力を特定方向に向けて結集していかねばならない。こうした方向づけを、より一般的には、組織の統合と呼ぶことができる。このような組織の統合の在り様は、当該組織がどのような環境にどう適応していくか、という戦略で決まってくる[14]。欲望に着目して述べると、個々人は、自分の欲望が、組織の戦略に活かされることを期待して、金欲を報酬で満たしつつ、我欲を勤務と生活に投入するのに対し、組織は、こうした我欲を戦略に転化することによって、利潤獲得という組織的金欲を達成しようとするのである。この金欲達成の戦略が、組織の在り様を決定づけることになる。

このように、組織と戦略は強く結びついているが、この結びつきに、組織文化(組織の構成員が共有する価値観と行動パターン)が大きく影響するという見方がある。我々は、この見方そのものは間違っていないだろう。しかし、個々人の欲望を活かすのが組織である、という我々の見解に依拠すると、この組織文化の創造とその位置づけについては、批判的検討といくつかの問題提起を試みるべきだと考える。

なお、以降の論述では、明示的ではないが、事業の成否は個々人の欲望を積極的に活かしていく戦略によってほとんどが決定づけられる、ということが含意されている。

Ⅱ 「組織への誇りと敬愛」の要請

「企業には、従業員に当該組織への誇りと敬愛を抱かせる哲学が必要で、これを社訓等のように表現し、従業員の指針とすべきだ」という考え方がある。おそらく、その根拠は、企業が成果を上げるためには、従業員同士の積極的な協働が必要であり、こうした協働の推進には、「組織への誇りと敬愛」を抱かせる固有の組織文化が構成員の精神的支柱[15]として機能する、という思想が作用しているといえよう。

この、「誇りと敬愛」という要請は、それが企業の適切な戦略展開と密接に関わったとき、有意な効果を発揮する可能性が高い。しかし、敢えて「誇りと敬愛」を謳う社訓のようなものを作らなくても、従業員が主体的に当該企業の戦略展開に関わり、自らの欲望を活かすことによって、それと繋がる思想・哲学が自然発生的に組織に生み出され、これが組織に定着していく、という必然的論理も知るべきであろう[16]。

Ⅲ 組織文化の効力――五つの効果と問題点

ここでいう組織文化とは、ある組織の構成員が共有する価値観と、それを背景とする行動パターン[17]を指し、組織風土とも呼ばれる（なお、価値観に重きを置く場合を組織風土、行動パターンに重きを置く場合を組織文化と区別する説もあるが、この場合、価値観と行動パターンとは不可分の関係にあるので、こうした区別は無意味だといえる）。企業が、そうした組織文化を内外に明示化しつつ、構成員にこれを浸透させていくことが戦略的成果に繋がっていく、という認識がなされている。

固有の文化が企業に浸透すると、

① 組織に一体感が出る
② 意思決定がしやすくなる

③構成員の問題意識が高まる
④関係者に向けての企業イメージが形成される
⑤優れた人材の定着率が向上する

という五つの効果を享受でき、このような組織文化の浸透は、企業独自の戦略を策定・展開する基盤となる、と見なされてきた[19]。

しかし、我々は最近、このように組織文化の形成と、その効力を強調し過ぎることに懸念を示す実務的見解が増えつつある、という見方をしている。いかに良い組織文化をつくるか、ということに興味がもたれ、この点に関して、類似した多くの見解が出されてきた。しかし、結局は後述するように、いきなり組織文化の形成そのものに構成員が携わるよりも、むしろ、経営戦略の立案・展開に基づく、企業とその構成員の行動それ自体が、組織文化の形成に大きくかかわる、という結論に落ち着くように思われる。

Ⅳ 文化と行動との相互作用

文化とは、既に述べたように、ある集団の構成員に共通する価値観と行動パターンであるが、それは、具体的な行動・事象・概念として明示的かつ的確に表現できるものではなく、具体化された行為の背後にある始原的な知覚対象でしかない。こうした始原性については、事象の始原の全貌を正しく表現できず、ある断片（認識主体が強調したいと思う主観的断片）を外延化して表現する（たとえば、ギャル文化、原宿文化などというように、さまざまな価値・行動を象徴的かつ類型的に纏めて言い表す）しか手がないといってよいだろう。

一部の少なからぬ人々は、このような始原性の具体的表現化を意図するあまり、「始原⇓具現」（原因に基づいて具体が現れること）という一方向的因果関係の把握を重視しているようである。言い換えれば「文化⇓行動」（特定の文化から特定の行動が生じること）という枠組みを想定しつつ、まず優れた組織文化を形成し、これを基礎とする戦略を策定・展開すべきだ、という主張をしている。これは、現実性を欠く論理である。むしろ、始原と具現とは相互作用的な関係にあるため、「文化⇕行動」（文化が行動を規定し、かつ、行動も文化を規定する）という共進（相互作用によって両者が変化していく態様）が生じることに注目すべきであろう。

V 組織は戦略に従う

経営史学者のA・チャンドラーは、「組織は戦略に従う」と述べ、「戦略の在り様が組織の在り様を決める」という理論を提示した[20]。これは「戦略展開という行動の在り様が組織の在り様を決める」という側面にも目を向けており、ここから「戦略行動が組織文化を決める」すなわち「行動⇓文化」（行動が文化を規定する）という関係も見出すことができる。しかし、チャンドラーの「組織は戦略に従う」は、さらに深い考察と験証に基づいていることに気づくべきであろう。

チャンドラーの「組織は戦略に従う」は、「新たな戦略を行使しなければ組織は変わらない」ということを意味し、ある戦略が組織を変え、その組織が次の戦略を生み、この新たな戦略がさらに組織を変えていく……」という長期的に生じる相互作用を強調している、と捉えるべきであろう。要するに、「戦略⇕組織」（戦略と組織は互いに規定し合う）という相互作用は環境の変化に依存するが、環境の変化は、何よりもまず、戦略によって識別されるため、それによって組織も変わること、しかも、その変わった組織が次の戦略の策定・展開を左右していくこと、こうした長期的に見られる相互作用を確認しておく必要がある。

このような「戦略⇕組織」という相互作用は、当然のことながら、組織文化にも戦略が作用することを含意している。組織文化は環境変化に耐性的だという見方もあるが、少なくとも長期的には組織文化は変化していくし、そうした変化はむしろ望ましいと捉えるべきであろう。戦略が行動として具体化され、それは文化（価値観と行動パターン）に影響されるため、多かれ少なかれ文化も変わっていく。そうでないと、新たな戦略は生み出されがたい。

Ⅵ　組織文化の柔軟性と依拠するリスク

組織文化の長期性を強調する論者も少なくないが、それが長期にわたって戦略の変化に良い影響をおよぼしているとしたら、その文化表現の特徴が包括的かつ抽象的にしか意味づけされない（意図する概念・思想が、戦略と行動を具体的に表示せず、解釈に任せる内容が多い）ため、柔軟に解釈できるからであり、この柔軟性が、「良い影響をおよぼす」という主観的認識に結びついたという事態もあり得る、と考えるべきであろう。

最近は下火になってきているが、企業においてＣＩ（Corporate Identity：コーポレート・アイデンティティ）の認識・導入とその表現・訴求[21]が重要視され、組織文化を明示化（文字化＋図案化）しつつ、これに基づいて、構成員の価値観・行動様式を方向づけ、それを外部に顕在化させつつ、企業イメージを高めようとする動きもあった。しかし、現在、その効果はどの程度であったか、その検証は十分になされてきていない。我々は、こうしたＣＩの効果を強調し過ぎる風潮に疑問を抱いてきた。

自社の構成員の各々が、組織文化を明示的に知覚し、これに意識的に依拠した行為を展開すべきだ、という思想に重きを置くことは崇高で美しく見えるかもしれない。しかし、環境変化への戦略的適応という観点からみると、むしろ、適応のための革新に遅れるリスクの方がはるかに大きいと思われる。それは、組織文化への誇りと忠誠が、構成員に「同調への相乗り」を促すことが多く、この「同調への相乗り」が組織の革新力を殺ぐ主要因の一つともなるからである。

Ⅶ 「同調への相乗り」で劣化していく組織

組織の構成員は、環境適応戦略による役割分担とこれに基づく行動においては、必要に応じて積極的に他者や他部門などとの同調を展開していく。こうした同調は、異なる行動の連携による効果を期待しており、その意味で必然的理由に裏づけられているため、そうした同調は事前に予定されてはならない。ところが、組織文化の明示化による誇りと忠誠を背景とする「同調への相乗り」は、行動の効果的連携を計画することなく事前的に、言い換えれば、合理的必然性を知覚せずに、行動の同調志向を構成員の各々に定着化かつ使命化させてしまうことが多い。これは、企業の有効な戦略展開を大きく阻害する恐れを孕んでいる。

組織の行動は、ある程度、権力機構によって計画・統合される。「同調へ相乗り」は、構成員の各々が、そうした権力機構での昇進を意識して、企業の戦略策定・展開の意味・意義を主体的に理解しようとせずに（自らの欲望を戦略の遂行・展開に活かそうとせずに）、直ちにそれに従うことに喜びと誇りを実感する、ということから生じる。このような「同調への相乗り」は、構成員が、企業の戦略の策定に主体的にコミットすることを抑制するだけでなく、企業の方針に忠実であることを美徳とし、それを無批判に受け入れることによって、ただ出世と権力の獲得にしがみつく、という風潮を強めてしまう。すなわち、組織内から優れた戦略が生み出される機会を少なくし、まさに、組織の劣化を進ませる要因の一つとなってしまう。

Ⅷ 優れた経営者が陥る独裁経営の悲劇

経営者の戦略策定能力およびマネジメント能力が卓越しているとき、「同調への相乗り」が常態化している組織であっても、当該経営者が構築した戦略と、これに基づく指導にそって、構成員が的確に行動している限り、当該企業は良好な成果を達成できる。そのような場合、「同調への相乗り」は、構成員が一体となって正しく行動する契機となっていく。しかし、現実は、必ずしもその通りではなく、前述のような組織の劣化を招くことも多い。

このような「優れた経営者⇒同調への相乗り」が長期にわたる事態を独裁経営と呼ぶことができるが、それは、時を経るにつれ、総じて脆弱さを露呈することが多い。まず、今まで成功を味わった戦略であっても、環境変化に応じて変えていかねばならない。こうした変化への対応は、「現場視座と大局視座」という双方からの革新的な「擦り合わせ」が必要である[22]が、独裁経営からは、こうした革新的な「擦り合わせ」は生じがたいといえる。

独裁経営は、優れた経営者が健在である限り、「同調への相乗り」は一時的には成功を謳歌できるかもしれない。しかし、経営者が凡人[23]に交代したとしたら、こうした「同調への相乗り」文化が染み込んだ組織は、間違いなく環境の変化から取り残されてしまう。優秀な戦略判断が上司からなされず、構成員の各々が戦略案を提示せざるを得なくなるが、そこでは常に「同調への相乗り」が強く作用するため、個性と独自能力を背景とする議論とその統合は難しく、上司や権力への諂《へつら》いが事態を調整かつ纏める方向に議論が動いていくだけである。多少なりとも人事は変わるかもしれないが、有効な戦略は開発されず、組織は悲劇的な道を辿る。だが、一方で、当該組織の構成員は「何かをやった」という気分になっていることが多い。

Ⅸ 戦略展開が組織愛を生む

自分が所属する企業や組織を敬愛すること（組織愛）は、それが「組織成果を向上させたい」という構成員の意欲を高める方向に作用する、という想定もできるため、当該企業の歴史から、構成員が敬愛を抱く教訓を抽出し、これを組織文化として表現・定着させようとする動きも目立つ。しかし、このことが、環境変化に適応できる戦略構築能力の育成・展開と結びつかない限り、組織の成長や繁栄にはほとんど有効性を持たない。それは、戦略の成功を何度も享受する体験こそが、構成員の組織への敬愛を生む作用がある、という経験則を無視できないからである。つまり、組織愛は、これを構成員に知覚させようとする運動(組織文化を定着させようとする全社的キャンペーン)から形成されるだけでなく、構成員の戦略展開の成功体験からも生み出されてくる。前者には「同調への相乗り」が、後者には「戦略展開への信頼と自信」が大きく作用する。

一目惚れはよくあるかもしれないが、そこから本当の愛(自己犠牲を覚悟するような愛)は生まれてくるとは限らない。相手と一緒に行動する覚悟を契機に、本当の愛が生まれる。組織愛も同様で、ただ組織に属して社訓等に敬意を払っているだけでは、それは生じてこない。多くの構成員が戦略の策定・展開に積極的に参加することによって、さまざまな議論を踏まえつつも、組織内に協働と統合が創造され、その成功への希望と期待が高まったとき、組織愛が生み出され、かつ、それが強化されていく。したがって、企業の歴史から教訓を抽出して組織文化に誇りと敬愛を抱かせる教育的方法は、こうした戦略の策定・展開を目的とする構成員間の協働・統合と連動させたとき、初めてそれは大きな効果を生む。

X 「誇りと敬愛」そして「停滞」

「我が社の栄光の歴史に誇りと愛を持つべきだ」という教訓のみを組織に浸透させることは、組織の活性化を抑制し、その停滞を促してしまう恐れが大きい。多くの企業のケーススタディによると、企業が大きくなって制度が整うにつれ、こうした傾向が強くなる。それは、最初に良き戦略でマーケットを創造し、かつ、そのマーケットの成長力に依存することができたため、新たな戦略を展開しなくとも相応の業績を上げ続けることができた。それゆえに、構築してきた組織を大きく変えることなく、仕組みと制度の充実によって効率を達成できたことに安住してきたからである。そして、そこでは、「創業の栄光を歴史化する誇りと愛」が、過去の行動を現在に向けて持続かつ洗練させる駆動力となっている。しかし、それは、環境変化に適応できる力ではなく、同一状況に慣れ切った単なる停滞、言い換えれば、過剰適応[24]の罠に嵌《はま》った状態でしかない。

1 利潤極大化というビジネス行為は経済学の概念であるが、そこには「できる限り儲けるための組織を構築していきたい」という金欲が強く作用している。

2 企業は、金欲とその達成を目的とする組織であって、我欲から離れて金欲の達成に努力を集中させる性格を有している。企業の従業員は、こうした金欲達成の「おこぼれ：賃金」を貰うことによって、それを我欲達成の資金としている。

3 こうした企業の機能が、人々の生活の維持・活性化と強く結びつき、このことが現代社会の基盤の一つとなっている。

4 こうした考え方の先駆的理論としてHofer and Shendel（1978）があり、現在の経営戦略理論もこれに依拠しているといっても過言ではない。

5 経営戦略を大きく三つの機能で捉える仕様は、欧米のＭＢＡのカリキュラムからヒントを得ている。

6 消費財マーケティングの顧客たる生活者は「金欲から我欲への変換：金欲→我欲」を、産業財マーケティングの顧客たる産業需要家は「金欲の継続的拡大：金欲→金欲」を志向しており、この点が両者の明確な違いとなっている。

7 より具体的には、固定客あるいは固定客になりそうな需要者をここでは顧客として位置づけている。ある企業の顧客の特徴は、当該企業のマーケティングの在り様を反映している、という見方もできる。

8 ここでいう我欲は、組織としての商品に込める我欲であって、この我欲は、当然、企業の金欲とその達成に結びつかねばならない。

9 ここでいうサプライチェーンとは、原材料→加工→生産→流通加工→消費という財の形態変化過程・流通過程を指す。道畑（２０１０）の研究が興味を引く。ポーター（１９８０）のバリューチェーンもサプライチェーンと同じ概念である、という捉え方も出てきている。たとえば、大泉（２０２０）などがこの立場に依拠している。

10 上原征彦（２０２０）「需要創造の経済学：序説」『市場創造研究』第9巻

11 この意味で、マーケティングは生活やビジネスなど社会を創造する機能も担っている、ということも可能である。

12 従業員は企業に使われているのではなく、企業を動かす主体の一人である。

13 Chandler,A.（1967）,Strategy and Stracture,Harvard University Press

14 Chandler,A.（1967）,Strategy and Stracture,Harvard University Press

15 たとえばシャイン（１９８５）、野中（１９８５）などの主張が有名である。

16 この考え方は、チャンドラー（１９６７）にも通底している。

17 このことは文化論では常識とされている。文化研究については、たとえば吉見（２０００）からこの点を学ぶことができる。

18 優れた経営者・創業者として世間に評価されている人物（たとえば松下幸之助、本田宗一郎など）の多くは、こうした認識をしているようだ。

19 ここでの五つの効果については、株式会社夢テクノロジーの見解を適用した。

20 Chandler,A.（1967）,Strategy and Stracture,Harvard University Press

21 ＣＩの実務的教科書として太田徹也編著（１９８９）『ＣＩ：マーク・ロゴの変遷』（六耀社）を勧めることができる。

22 ここでいう「擦り合わせ」の指針となるのが戦略の方向と内容である。

23 ここでいう凡人とは、天才と才人を除く、一般人を指す。ハーシュ（１９３１）によると「天才は創造し、才人は改良する。……天才の人生の目標は創造であるが、才人は大望によって活気づけられ、その人生目的は権力にある」（アリエティ １９８０ 訳：加藤・清水）と概念化されている。

24 過剰適応とは、元々は、心理学でいう過剰学習（over-learning）とほぼ同意だと見なすことができる。ここでは、特に、「組織が特定環境での生存に慣れ過ぎたために、言い換えれば、特定環境と組織が一体化したために、新たな環境に向けて自己を変えることが極めて難しくなる」状態を指している。

第3章

ビジネスを発動する「欲望」

1 経営戦略に関する新たな見方――欲望に着目する

Ⅰ 個人と欲望の多様性

既に幾度か指摘してきたように、人間は多様な欲望を生存のエネルギーとしつつ、社会的に機能するために、そうした欲望を調節して生活や仕事に励んでいる。このような欲望の調節の在り様は、個々人によって異なり、そのことが当人の人間的個性とその発揚の基盤となっているといってもよいだろう。既に述べたことの繰り返しになるが、こうした個々人の多様な欲望は、金欲と我欲の二つに類型化できるが、ここでいう我欲の中でも、特に組織の変革に大きく係わるのは、「今までにない、何か新しいことをしてみたい」という開発欲[1]である。したがって、ビジネスという組織行動を、人間の欲望と関連づけて捉えようとするならば、「金欲」「開発欲」「我欲」という3類型に着目する必要がある。

Ⅱ 人間の能力の育成・獲得――「欲望の調節」による自助努力

人間は自助努力によって能力を高めることができる。「どの能力を高めるか、あるいは高められるか」については個々人によって異なり、そこには育った環境や本人の生まれながらの才能などが大きく影響している。その重要な決め手の一つとなるのは、自分が「どのような目的をどのような手段で達成したいか」という欲望の強さである。その意味で、既に示唆してきたように、欲望は、人間が主体的に生きていくためのエネルギーとして機能する。同時に、人間は、自分が身につけたい能力を獲得するために、たとえば「いくつかの欲望の達成に集中し、他の欲望を抑制する」というような、「欲望の調節」を行なう。実は、先に述べた自助努力は、まさにこうした「欲望の調節」を基礎にして展開され、かつ、機能していくことになる。

たとえば、物理学者を目指す大学生は、当該分野に深く係わる科目の点数を高める欲望を、他科目のそれよりも優先するであろう。この大学生の「他科目の成績よりも、物理学に係わるそれを優先したい」という「欲望の調節」は、彼にとって当面の戦略となっている。すなわち、「欲望の調節」は、戦略展開の必要条件でもある。より踏み込んで述べると、個々の人間が生きるための戦略は、その人がどの欲望の達成にどれほどの力を入れ、どの欲望を軽視するか、また、抑制すべき欲望はどれか、という「欲望の調節」を基礎にして展開される。

Ⅲ 戦略の基本機能──「主体性」の確立・維持

戦略とは、環境適応の方法論[2]を指す、と考えてよい。ところで、個人にせよ組織にせよ、それが生存できる必要条件は、変化する環境への適応である[3]ため、人間社会を構成するすべての主体は、各々が展開する戦略にそって生存している、と見なすことができる。すなわち、社会の構成員のすべては、意識するしないにかかわらず、戦略展開主体として機能していることになる。

戦略は、さらに深堀して表現すると、人間および組織という個々の主体が独自に展開する環境適応方法(生存方法)そのものだといえる。より具体的には、当該主体が有するさまざまな能力(資源)に合う環境を選択・創造すること、あるいは、与えられた環境に適合する能力(資源)を獲得・内実化していくこと、その双方を実現しなければならない。まさに、能力(資源)と環境とのダイナミックなマッチングである。ここで我々が強調すべきことは、このマッチングには程度の差はあれ、戦略展開者の主体性が織り込まれていなければならない、という点である。すなわち、生存の方法たる戦略には、当事者の独自性や個性が意識的に織り込まれていなければならない。ということは、人間や組織は、戦略の策定・行使を通じて、初めて自分が自分であること、すなわち主体性を確立・維持できることになる。

Ⅳ 個人戦略と組織戦略

人間は、先述してきたように、戦略によって生き、かつ、固有性を表出する主体であり、それは、「自らの多様な欲望のうち、どんな欲望の達成を目指し、どんな欲望を抑制していくか」という「欲望の調整」として捉えることができる[4]。

こうした「戦略＝欲望の調整」は、長期にわたって固定的なものではなく、環境(主体が係わる時間・空間や人間関係など)の変化に応じて、変動していく。たとえば、人間同士が新たに関係を築こうとする事態は、各々の既存戦略が相互に関係し合って新たに生み出される、再編成された戦略の均衡解の追求として捉えることができる。

一方、組織も生存のための戦略を必要とし、それは、構成員たる個人の戦略を統合したものとして理解すべきである。ここでいう統合とは、異なる戦略をもつ多数の個人を組織戦略に取り込み（参加させ）、目的達成の極大化を狙うことを指す。この時、次の二つを満たすことが期待されている。

① 参加する個人が達成したい欲望体系と、組織のそれとが、部分的にせよ共通性を有していること。
② 組織が達成すべき目的が明確、かつ、参加する個々人が、多かれ少なかれ、これに同意していること。

こうした組織戦略が狙うところは、個々人が目的（組織目的）を達成する程度に比べ、組織がこれを達成した方がはるかに大きな成果を得ることができる、という点にある。

V ビジネス戦略と構成員

ビジネス戦略（経営戦略）も組織戦略の一つであるが、その組織の目標が「金欲達成の極大化」に特定される、という点にその特徴がある。人間は、生存のために金欲の達成が必須であるが、これを個人で達成するよりも、企業という組織で達成した方が顕著に大きくなる。それゆえ、人々は企業の構成員（従業員）となって、当該企業が獲得した金額の分け前を受け取ることを選ぶようになる。このことによって、彼らの金欲達成の労力は大きく軽減され、その分だけ他のさまざまな欲望(我欲)の達成に投入することが可能になる。我々は、ビジネスが構成員の金欲達成労力を軽減する組織的行為であり、当該構成員が他の欲望達成(我欲の達成)に労力を投入できるため、彼ら固有の能力を高め、かつ、その生活の意義を豊富化する機能を有している、という点に注目すべきであろう。

このようにビジネスは、構成員の金欲達成の労力を軽減しつつ、軽減された労力を構成員が各々に必要な能力の向上に振り向けることを予定し、これを組織が狙う成果(金欲達成極大化:金欲達成の程度を高めていくこと)に繋げようとしている。

Ⅵ ビジネス機会の多様化

ここで我々は、金欲達成の方法(ビジネス機会と捉えることも可能)が、時代を経るごとに、顕著に多様化していくことを確認しておく必要がある。古代においては、農林水産業など第一次産業を中核とした生産と、商業を介した交換・交易による金欲達成が主であったが、現在では、さまざまな物的製造、流通・輸送によるネットワーク化、多様なサービス・教育など、金欲達成の機会は極めて多様化し、技術や知識が、ますます進歩していくことを考えると、金欲達成方法(ビジネス機会)はさらに多様化していくことになる。

ところで、ビジネスが盛んな先進国においては、多くの場合、人口の停滞・減少が進んでおり、量的には、需要の拡大は見込めない。にもかかわらず、前述のようにビジネス機会の多様化が進んでいくことを考えると、同質の需要を大量に捉えることは、時代を経るごとに難しくなっていくことが予想される。つまり、少量需要のセグメントが多数できあがる方向に多様化が進む、ということである。ここで必要な戦略は、多様な少量需要を纏めて捉えて収益の極大化を図ること、より一般化すると、互いに異なる分野(互いに異なる需要・ビジネスなど)を結びつけて、新たな需要を創造していくことである。

Ⅶ「利益の源泉：差異の創出」の史的展開

前述のような戦略(異種間の結びつきの創造)から得られる利益を、結合利益と呼ぶことができる。これからは、こうした結合利益が、ますます重要視されるようになる。ここでは、これに関して歴史的な潮流を概観しておこう。なお、以降では、利益を生み出す源泉は、効用(有用性)における「差異」を人々に訴求かつ認識させることにある[5]、という論理を踏まえた議論を進めていく。このことは、人間による「差異」の認識が、人の欲望を誘発する契機となる可能性が高いことも含意している。

歴史上、かなり早くから得られてきた利益は「地域間の差異」を人々に訴求するものであった。たとえば、A地域で生産できるが、B地域ではそれが不可能な農産物を、A地域からB地域に持ってきて売る。地域間の運賃を上乗せし、かつ、それに利益をプラスしても、当該農産物はB地域で「差異」が認められ、売れていく公算が強い。このように、輸配送によって「地域間の差異」を訴求することは、昔から行われ、これが現在でも続いている。

さらに、国家が多数生まれ、それぞれで貨幣経済が普及すると、「貨幣価値の差異」を利用して儲ける事業家が輩出される。たとえば、中世に財を成したフィレンツェのメディチ家は、英国とイタリアとの「貨幣価値の差異」を利用して儲けたという。つまりそれは、今でいう為替差益を活かした経済活動であった。

そして、さらに時代を経ると、「技術の差異」によって、新たな機能を持つ製品やサービスを創出して利益を得ることが可能になってくる。特に、18世紀後半の産業革命以降、こうした「技術の差異」によって儲けることが一般化してきたといえる。

Ⅷ 結合利益の創出

前項のように、「地域間の差異」（主として輸配送・物流で儲ける）⇓「貨幣価値の差異」（主として貿易・為替取引で儲ける）⇓「技術の差異」（主として開発・生産で儲ける）という差異を創出する歴史によって、ビジネスは不断に発展してきた。さらに、現在、そして未来に向けて、これらとは異なる差異創出への挑戦が既に台頭してきていることに注目すべきであろう。それは、「結合の差異」として表現できるもので、今までは異なる分野とされていた二つ以上のビジネス等を繋ぎ合わせて、新たなビジネスを創り出すこと、すなわち、既述の「結合利益」の創造である。たとえば、富士フイルムは、フィルム技術と医療技術を結びつけて、診断システムの開発・販売に成功している。また、成長が注目されているアイリスオーヤマは、プラスチック機器の製造技術とホームセンター経営とを連動させ、人々の住生活の提案などにおいて高い評価を得ている。現在では、このような結合利益の創出は、ここで例示した二つの企業にと

図表7　活動連鎖のループ

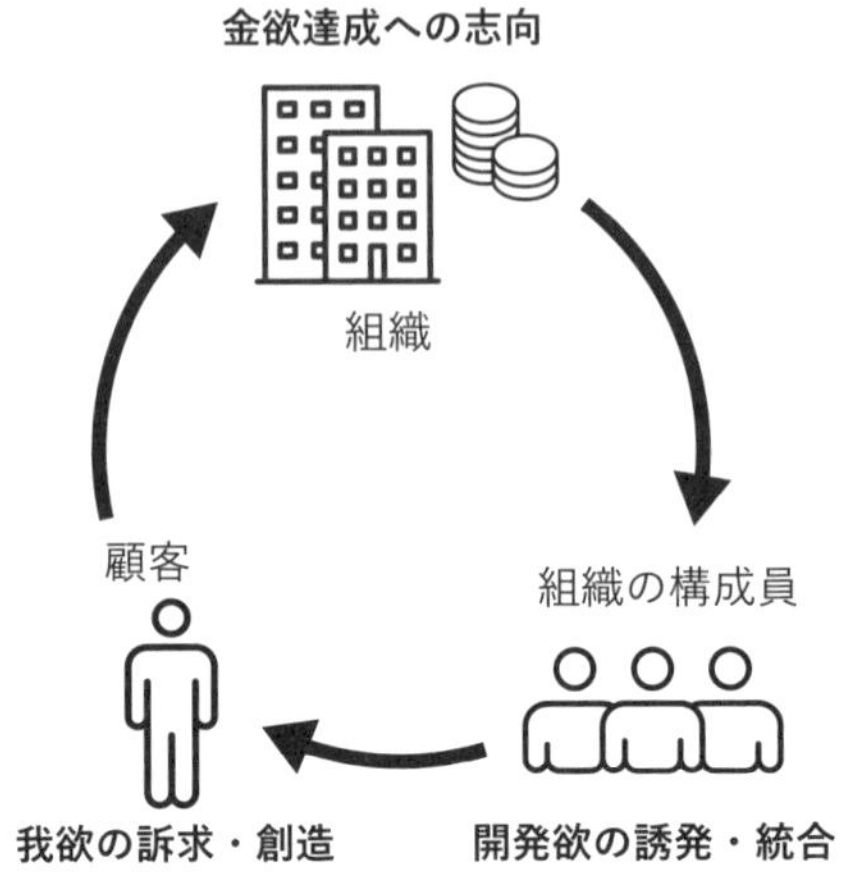

どまらず、多くの組織の営利経営において中核的役割を担うようになってきている。しかも、結合利益の創出は、公益的な事業でも相応の効果を発揮している。たとえば、大学は若い学生だけでなく、社会人の教育にも力を入れ、欧米の大学では、構内にホテルを経営し、そこで長期滞在型の研修事業を積極的に実施することによって、教育と経営の相乗効果を発揮しているところも増えてきている。

Ⅸ　経営戦略の進化——欲望の作用

ここまで、歴史的にみる限り、経営戦略は明らかに進化している。その進化は人間の欲望によって駆動されてきたといっても過言ではない。次では、このことを本章の冒頭で述べた人間の欲望の諸類型（金欲、我欲、開発欲）で簡潔に説明してみる。

まず、経営戦略は、「金欲」を組織的に達成する行動として捉えることができる。次に、この行動は顧客の「我欲」の誘発・創造（より正しくは、顧客の「金欲」を「我欲」に変換させること）によって行使される。こうした「組織の金欲達成のために、顧客の我欲を訴求・創造する活動」は、組織構成員の開発欲を誘発・統合することによって展開・改善・革新されていく。そうした活動連鎖の遂行は、経験曲線の理論[6]に従いつつ、次のそれに繋がっていく。すなわち、経営戦略が進化していく内実は、「組織の金欲達成への志向⇒構成員の開発欲の誘発・統合⇒顧客の我欲の訴求・創造」（図表7）という活動連鎖がループしつつ、進化していくことで、それを説明することができるであろう。

2 欲望からみたビジネスの史的展開

I ビジネスの始原——商業の台頭

ビジネスを金欲の組織的達成行動として捉えるとき、それは二つの契機の結合を始原としている。その二つの契機とは、交換の展開と貨幣の普及であり、これら二つの結合が、商業という、人類最初のビジネスを生み出したといえる。農業が最初のビジネスだという見方もできるが、それは支配者が税金を取り立てる基盤となっていた時代が長く続いたため、本格的なビジネス化はかなり遅れたと考えてよいだろう。「利潤の獲得（金欲の達成）を組織的に実現する仕組み」を人類世界に最初にもたらしたのが、商業の出現だと捉えることができる。こうした商業の原初的形態は、既に先史時代に萌芽《ほうが》が見られたが、

図表8　交換による欲望の達成

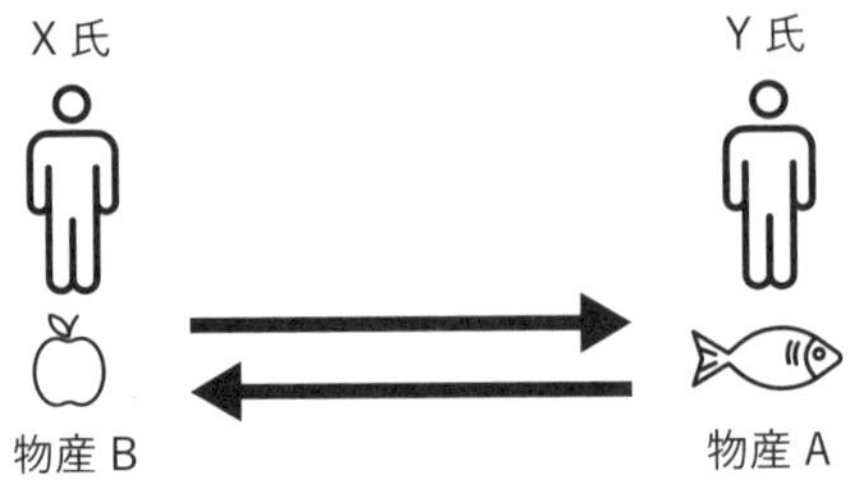

紀元前3000年以前から台頭していた地中海文明の繁栄期には、本格的な商業の展開が、その経済的基盤として有効に機能していたという[7]。

Ⅱ　交換による欲望の達成

異なる主体（個々人あるいは組織）間における物々交換は、既に先史時代から行われていたようだが、この物々交換が成立するのは、産物Aを持っているが産物Bを欲しがるX氏、産物Bを持っているがAを欲しがるY氏が取引することができたからである（図表8）。この場合、産物Aと産物Bとの交換が現象として顕れるが、より人間的な意志に着目すると、X氏とY氏との双方の欲望、しかも、それは互いに異なる欲望（具体的には、異なる産物の獲得を目指す欲望）の双方を達成したことになる。すなわち、交換は、これに参加する人々の欲望を達成するための社会的機能を担っていることになる。

Ⅲ　欲望を創造するビジネス

先述の物々交換は、産物Aと産物Bとの差異[8]が見出されるために、生じてくる社会的現象である。X氏、Y氏それぞれが交換に参加せず、各々の生活空間に閉じ籠っている限り、産物Aと産物Bとの差異を見出すことができず、両者とも産物Aと産物Bの双方を取りそろえる意思を持つことができないため、X氏とY氏は、双方とも、従来よりも効用を高めることは不可能となる(満足の程度を従来よりも高めることができない)。ここで強調したいことは、X氏とY氏に、そのように差異を気づかせるのが商業、より一般化すると、ビジネスの重要かつ必然的な役割となる、という点である。つまりビジネスは、我々に何らかの差異を認知させることによって、我々の欲望を創造しているのである。

Ⅳ 歴史的な潮流──高度化するビジネス

交換の仲介として誕生した商業は、世界史的な潮流からみると、生産・加工、サービス開発、DX(Digital Transformation：情報処理のデジタル化)などに係わる機能を取り込みつつ、さまざまな差異をつくり出してきた。

言い換えれば、ビジネスは、利潤獲得領域を飛躍的に広げつつ、高度化の道を辿ってきているのである。このことから、次の二つの視座を読み取ることができる。

一つは人間の欲望が多様化・複雑化し、かつ、それらの達成を強く望むようになってきていること、もう一つは、そうした欲望を満たすことによって利潤を得ようとする(金欲の達成を目指す)ビジネス側の能力(「情報処理能力」≒「需要把握力＋技術力」)も飛躍的に高まってきていること、この二つが互いに結びつき、かつ、影響し合って相乗効果をつくり出し、これがビジネスの高度化を推進してきたといって間違いないであろう。

3 社会の進化と欲望の社会的適合

I 「人間⇒欲望の集合」の科学的把握

人間の捉え方については、さまざまな見解がありそうだが、我々は、人間を欲望の集合として捉えることが、社会科学的にみて、かなりの妥当性をもつと考える。

しかし、自律的に振る舞う人間を客観的に捉えること、言い換えれば、分析対象たる人間の価値観（目的⇒我々のいう欲望の具体的表現）を取り除いて、客観的に態様を論ずること、学術的に表現すると、「経験主義 or 経験科学[9]を採用する」ことは極めて難しい[10]。それは、客観的論述を目指すあまり、価値観（目的）を取り除いた人間を分析対象としてしまうと、単なる物理的現象を捉えているに過ぎず、社会科学としての基本特性を破棄してしまうからである。とはいえ、科学を志向する限り、客観的分析の活用は必須であり、かつ、これに価値観（目的）の導入も考慮しなければならない。この要請に応えるためには、どう対処すればよいか？　このような問いへの答えは、人間（分析対象）の価値観に基づく欲望（目的）を特定化して（より広義には、主観を特定化して）、それを実現するための最適な方法論（客観分析を活かす方法論）を見出すこと、いわゆる規範科学（目的科学）[11]を採用することになる。こうした方法論の採用は、かの有名なヴェーバーの持論[12]たる「価値からの自由」（価値自由）に由来する正統的な見解でもある。なお、経験科学と規範科学についての学術的見解は、第Ⅱ部の最後の章に掲載した方法論の叙述を参考にされたい。

Ⅱ 欲望の実現と社会の進化

前述のような規範科学の発達は、自然科学の分野では、物理学・化学・医学・生物学に基づくさまざまな技術の進歩と革新をもたらす。また、社会科学の分野では、政治や経済・経営等に関する多くの知識や方法論を生み出しつつ、人間世界に不断の発展・進化を実現させてきた。このように、規範科学が世の発展に大きく寄与してきたことは、その実現や達成のために規範科学を要請する欲望そのものが、社会の進化を実現する駆動力となってきた、ということを意味する。すなわち、技術や知識の多様化・高度化は、欲望の多様化・高度化そのものでもあり、そこに、文明の発達・展開における人間の役割の本質を見出すこともできる。

Ⅲ ビジネスを動かす人間像

我々は、人間行動が欲望に基づいて展開されることに着目し、そこには無限ともいうべき、実に多様な欲望（金欲、食欲、性欲、愛欲、権力欲、出世欲、社会貢献欲など、本能的かつ必需的な欲望から自己研鑽的、さらには社会志向的な欲望まで広がる集合）が識別されることを確認した。こうした欲望の全体を多次元化された座標空間として捉え、そこに人間を位置づけ得ることが望ましいが、次元数があまりに多いと複雑になり過ぎて分析が困難になる。そこで、多様な欲望をいくつかに類型にまとめることによって次元数を縮約していく。

既に我々は、多様な欲望から金欲と開発欲を抽出し、残りを我欲とする、欲望の3類型を提示した。そのうえで、金欲、我欲、開発欲という3次元の座標空間に人間を配置できることを示唆してきた。こうすることによって、欲望からみた人間特性をパターン化できることになる。

金欲、我欲、開発欲の3次元に人間を配置したとすれば、たとえば、起業型（金欲＝高、我欲＝低、開発欲＝高）、革新型（金欲＝低、我欲＝高、開発欲＝高）、才人型（金欲＝低、我欲＝高、開発欲＝低）などといった人間特性が類型的に識別できる。ここでいう起業型は、ヴェーバー[13]のいう資本主義の精神を身につけた、刻苦《こっく》精励《せいれい》を旨とする資本家兼経営者（起業家）に対応し、革新型はシュンペーター[14]のいう「新結合」（今でいう「イノベーション」）を具現化するアントレプレナーに該当する。そして、才人型はアリエティ[15]が規定する権力を志向し、組織内での出世を目指す上昇志向者を指す、と見なすことができる。

これを踏まえると、ビジネスは起業家によって発動・運営され、アントレプレナーがこれを革新して、才人がその存続を支える、という構図を想定することもできる。ここに、ビジネスの生起と存続に人間の欲望が大きく作用している、ということを確認できるであろう。

図表9　欲望からみた人間特性の３パターン

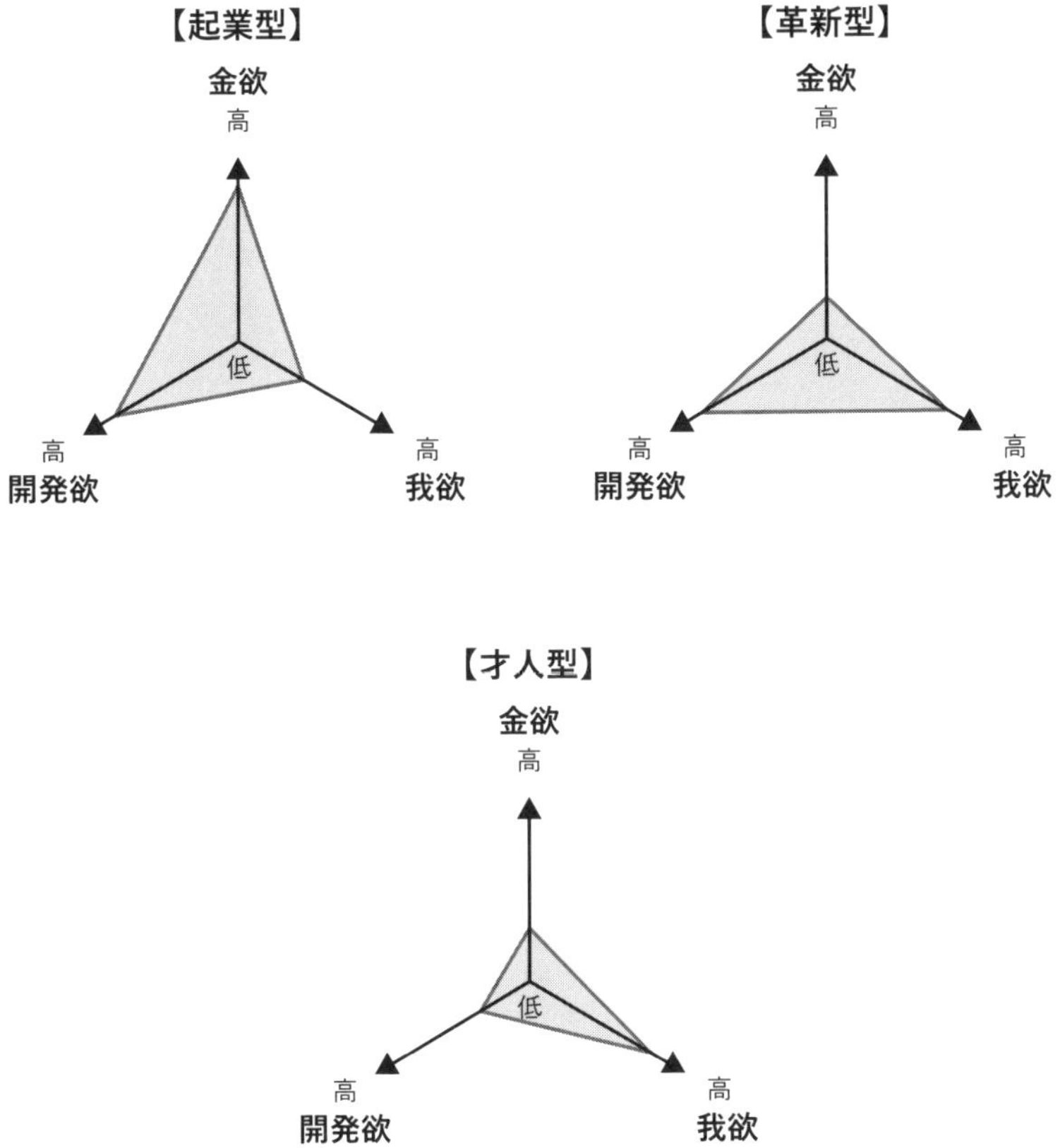

Ⅳ　社会の進化とビジネス

　ビジネスの展開・発展は、社会を大きく進化させてきた。社会の進化には、技術の革新とその普及が必要条件となっている、という見方に異論を唱える人々は総じて少ない。確かに科学技術の発達が、環境破壊などに結びつく恐れが大きいことに着目し、「自然に戻れ」と主張する人々が増えてきている。とはいえ、現代社会の技術展開をリードしてきた西欧社会の思想(キリスト教を哲学的に捉えつつ、自然科学的思考が鍛錬された潮流)によると、そもそも自然は「人間による改善」によって、各時代の人間社会で「自然」として機能してきた[16]という事実を否定することはできないであろう。ここで重要なことは、こうした科学技術の発展による恩恵は、技術理論を実用化してこれを生活資材に変換するビジネスによるところが大きい、という点である。古代では、確かに政治支配者たる国王などが、民衆のために技術を普及させることも多かったが、それは、商業による地域間交流の発展[17]によって、政治支配者に採用された統治政策の一つであって、そこには商業というビジネスが大きく作用したといえる。

Ⅴ　欲望がビジネスを発動する

　ビジネスの社会を進化させる力(パワー)は、18世紀中葉以降に台頭した産業革命を経ると、それはますます強力になっていく。何度も述べてきたように、ビジネスは金欲の達成を目的として、顧客の我欲を誘発・創造しつつ、利潤極大化を標榜する組織的行動である。ここで、金を払う顧客も、他のビジネス組織などの構成員になることによって、賃金を得て金欲を達成しつつ、そこで得た金で我欲を満たそうとする。このように見てくると、ビジネスは、欲望の創造と充足に密接に係わることで、その存立が保証されることになる。

より強調して述べると、社会を構成する人々はビジネスを通じて、金欲を達成しつつ、そこで得た金で我欲を満たそうとするが、その我欲はビジネスによって誘発・創造される。すなわち、人間の欲望は、ビジネスを通じて循環する仕組みの中で、高度化かつ変化していくのである。その意味で、ビジネスは社会の循環器ともいえる役割を担っている。

1 既に何度も指摘したように、人間の欲望は、数え切れないほど多数の種類にわたる。こうした多様な欲望の一つに「今までにない新しいことをしたい」という類型、すなわち開発欲がある、と考えるのは決して間違ってはいないであろう。この開発欲が人類の文明を大きく進化させてきたといっても過言ではない。

2 これは経営戦略論の伝統的な共通認識だといえる。（古典例：Hofer&Schendel.1978）

3 この言明は、ダーウィンの進化論の開発時から現在に至る定説だといえる。

4 ゲームの理論の基礎的な知識として位置づけられる（たとえば、岡田 2008）。

5 この点は岩井（2003）でも強調されている。

6 経験が累積されるにつれ、費用対効果が高まる、という経験法則。1960年代にボストンコンサルティンググループで開発された。

7 J・ルフラン著　町田実・小野崎晶裕訳（1986）『商業の歴史』白水社

8 岩井克人（2003）『会社はこれからどうなるのか』平凡社

9 山中篤太郎（1969）『社会科学の基本問題』第三出版

10 西垣通（2013）『集合知とは何か』中公新書

11 山中篤太郎（1969）『社会科学の基本問題』第三出版

12 M・ヴェーバー著　富永祐治・立野保男・折原浩訳（1998）『社会科学と社会政策にかかわる認識の客観性』岩波文庫

13 M・ヴェーバー著　大塚久雄訳（1989）『プロテスタンティズムと資本主義の精神』岩波文庫

14 J・シュンペーター著　八木貴一朗・荒木詳二著（2020）『経済発展の理論』日経BP

15 S・アリエティ著　加藤正明・清水博之訳（1980）『創造力：原初からの統合』新曜社

16 たとえば、村上陽一郎著（1977）『科学・哲学・信仰』（レグレス文庫　第三文明社）を参照。

17 J・ルフラン著　町田実・小野崎晶裕訳（1986）『商業の歴史』白水社

第 II 部

人間（欲望の主体）を考察する科学：規範科学の正統性

ここでは学術的な主張をしたい。本書は実務に関する問題を扱うことを意図しており、学術的な議論をするのは恐れ多いが、ビジネスやマーケティングの研究に関して、現在、正統性を主張する特定の学風に危機感を抱いている。そして、研究者の他に、広く実務家にもこのことを理解してほしい、という意図でここに紹介させてもらうことにした。私が主張したいことは、特定の学風(たとえば学術的流行もこれに含まれる)に依拠した、かつ、形式的な社会科学(ビジネスやマーケティングの研究も社会科学に含まれる)ではなく、正しい実学としての社会科学の方向を実務家および関係者にも認識してもらいたい、という点にある。

【本研究での主たる論点と目的】

❶ 常識的な確認：科学の三つの捉え方

ここでいう科学は、現象(物理的作用、あるいは、人間行動から構成される事象)を的確に説明できる理論の構築とその検証を目指す研究方向を指している。ここでは、常識的ではあるが、まず、同じ科学でも、その性格の捉え方の違いによって、少なくとも次の三つが想定できることを確認しておこう。

① 「経験科学」か「規範科学」かという、価値や目的の扱い方の違い
② 「自然科学」か「社会科学」かという、捉えるべき研究対象の違い
③ 「理論導出」か「験証判定」かという、研究プロセスの違い

以上を識別することによって、科学の性格を、より的確に探り出すことができる。

①について、科学では周知の通り、経験科学と規範科学という区分がなされている。山中篤太郎氏は『社会科学の基本問題』(第三出版)で、これをわかりやすく表現し、前者を法則科学、後者を目的科学と呼んだ。経験科学は、客観的理論、言い換えれば、価値や目的とは無関係に識別され、かつ、法則と

して成り立つ因果関係を説明していく科学を指している。これに対して規範科学は、特定の価値観が目指す成果を実現するための方法の理論化、すなわち、与えられた目的(規範)とそれを実現するための手段との関係を説明する理論を構築する科学を指している。

②は、科学は研究対象によって自然科学と社会科学とに分けることができ、前者は、物理的作用から構成される自然現象の理論化、後者は、人間行動から構成される社会現象の理論化を目指している。いずれも、想定された理論(因果関係の説明)が、「現実に成り立つ」という意味での験証がなされて初めて、科学としての条件を満たすとされてきている。

③の、理論の構築とその験証に関して、かなり前から「発見の文脈」と「正当化の文脈」という区分[1]がなされ、現在でも、これが重視される学風が少なくない。

前者(発見の文脈)は、理論を見つけていくプロセスを指し、たとえば「多数のデータを分析・解釈することによって、あるいは、直感や熟考によって、特定の因果関係を導き出す」作業が、こうしたプロセスに含まれる。後者(正当化の文脈)は、想定した理論を験証していくプロセスを指し、たとえば「前から予想していた因果関係を、観測・実験によって、あるいは、アンケート等から得た多数のデータの分析によって、それが正しいか否かを確かめる」作業が、このプロセスに位置づけられる。

❷ 伝統的な見方とその変化

ところで、マーケティング論を含む社会科学の研究者に要請される理論化と験証は、経験科学を標榜すべきだ、という見方が根強く学会を支配してきた。その理由は、経験科学は、客観理論の開発を追求する学術に値するが、規範科学は、理論よりも現場での成果を重視する実務論に過ぎない、という見解が大方を占めてきたからであろう。しかし、近年、そうした見方は変わりつつある。あるいは、変わらねばならないと我々は考える。それは、知識社会の様相が色濃くなるにつれ、実務論に過ぎないといわれる規範科学の高度化が進み、ここから多くの学術的成果も生み出されてきていること、また、人為(自律的な人間行動)を研究対象とする社会科学では、経験科学で的確に説明できる部分が限られていることに多くの研究者が気づきはじめてきているからである。たとえば、盛山和夫氏の「経験主義から規範科学へ」(2016年『理論と方法』Vol・1、No・2)では、社会学(社会科学の中でも、マーケティング研究と重なる部分が多い学問分野だといえる)においては、経験主義(経験科学による方法)よりも、規範主義(規範科学による方法)が妥当であることを論じつつ、数理社会学が目指すべき方向を提示しようとしている。

❸ 目指す結論

まず、自然現象を研究対象とする自然科学で、経験主義が妥当であることを確認する。そして、人為(自律的な人間行動)を研究対象とせざるを得ない社会科学では、経験主義の妥当性はかなり減じられるため、むしろ規範主義の有効性を探り出していくべきだ、という主張をしつつ、その根拠を明らかにしていく。

次に、規範主義の採用によって、社会科学において、もちろんビジネス(本論では、ビジネスの中でも、私が専攻しているマーケティングに焦点が当てられる）研究においても、ともすれば、経験主義の援用を含む、実証主義[2]を重用し過ぎる学風、たとえば「正当化の文脈」を過度に重視する学風[3]からの解放、また、理論構築と現状分析との相互作用を活かす方法論の積極的採用、および、それによる有意な理論開発の大いなる進展が要請される、ということが論じられる。

最後に、規範科学として位置づけられるべきマーケティング研究が、需要創造を目的（規範）とするところに、その固有性を見出すことができること、また、これにそって体系化が要請される実学であることを強調しつつ、議論を進めていく。

1 Reichenbach,H.(1938),Experience and Prediction,University of Norte Dame Press

2 ここでいう実証主義は、より具体的には、後述される調査主義を指している。本研究では、「実証主義＝経験主義＋調査主義」という捉え方をしている。

3 かつて、ライヘンバッハ（1938）にみるように、「発見の文脈」よりも「正当化の文脈」が重視される学風が樹立され、この傾向が現在でも続いている分野が少なくないが、最近の科学哲学では、こうした学風が批判されるようになってきている（吉満・浜崎 2020）。しかし、ビジネス研究、特に組織論やマーケティング論の分野では、まだ、「正当化の文脈」を重視する研究が高く評価されている。

第 4 章

正統派経済学を考える

1 経験主義の適用に関する検討

I 経験主義とその拡張概念化——調査主義

科学史の論述に関して大きな話題[1]を呼んだS・ワインバーグの『科学の発見』は、経験科学の典型ともいえる自然科学について、極めて明快な信条に依拠しつつ、その史的展開を展望している。それによると、自然科学では、「観測・実験によって、自らの理論を験証すること」が強く要請され、これに基づく批判に耐え、かつ鍛えられた理論のみが生き延びる、ということが強調されている。

ところで、このような経験主義は、実証主義(ここでは「理論が現実に適合することを求める信条」を指す)の一環として、より一般化され、というよりも拡張概念化されて、「理論仮説を立て、現実を反映した調査データによって、これを験証する(多くの場合、統計的検定が使われる)」ことも認められ、この方式が、社会科学において、もちろんビジネスの研究においても、経験科学の援用として尊重されるに至っている、という点に注意せねばならない。

本論では、このような志向、すなわち経験主義を拡張概念化する志向を、自然科学が信条としてきた「観測・実験による験証」に基づく経験主義(本来の経験主義)と区別するために、それを「調査主義」と呼ぶことにしよう。社会科学では、もちろんマーケティング論でも、多くの場合、こうした拡張概念化された経験主義、すなわち「調査主義」が信奉されるに至っている、という今日的事態を我々は問題視すべきだと考える。

Ⅱ 経験主義に要請される配慮

さらに、『科学の発見』で強調されていることは、観測・実験には極めて注意深い配慮が必要であり、自然科学の発展は、こうした配慮が的確に実現される状況をつくり出す技術の進歩と強い相関を持つ、という点である。それは、理論は「特定の条件の下でしか成り立たない」ため、そうした特定の条件のみが作動する現実をつくり出すことが、経験主義の必須条件となるからである。その意味で、こうした「現実をつくり出す(現実を操作化する)」という配慮をせずに、「そのままの現実を反映した調査データによって、理論仮説を験証する」という拡張概念化された経験主義、すなわち我々のいう調査主義を、有効な科学的方法論の一つに位置づけようとするならば、そこには何らかの工夫が必要となるであろう。

この調査主義は、現在、特に社会科学で最も信奉されている学術的信条の一つでもある。たとえば、マーケティング研究において、人間やその集団の意識および行動に関する仮説を立て、これを、アンケート調査等から得たデータで統計的に験証しようとする動きは、まさにこうした学術的信条(調査主義への信奉)に依拠しているといえる。ただし、このような方法は後述するように、人為(自律的に展開される人間行動)に基づく現実を、特定の条件の下に操作する必然性がない場合、あるいは、こうした操作を軽視できる場合にのみ、その妥当性をどうにか担保し得る、ということを自覚しておかねばならない。したがって、このことを自覚しない調査主義(拡張概念化された経験主義)の採用は、後述のように、有意味な理論(強い言明：「当たり前だ」と断定しがたい言明)を生み出すことが困難になるであろう。

Ⅲ　自然科学にみる経験主義の典型例

ここで、自然科学にみる経験主義(理論仮説の厳密な験証への配慮：実験や観察への周到な配慮)の典型例として、ガリレオの「落体の法則」について考察を加えておこう。

落体の法則の理論仮説は、次のように記述できる。

「空気抵抗がないとき、物体は、重さが違っても、同時に落下する」

この理論仮説は、高い塔から、我々が重さの違う二つの物体を同時に落としても、正しく験証されたことにはならない。一般に、我々の住む世界は空気抵抗があるため、重い物体が、軽い物体よりも早く落下するからである。なお、ガリレオが、かの有名なピサの斜塔から重い物体と軽い物体を同時に落として、落体の法則を験証した、というのは、後の弟子による「作り話」だとされている。

「空気抵抗がないとき、物体は、重さが違っても、同時に落下する」という理論を験証するためには、「空気抵抗がない」状態(真空状態)をつくり出す必要があり、そのためには、何らかの装置を設けるなど、特定の技術を基盤とする操作が必須となるのである。こうした実験装置に関する技術開発の進歩も、自然科学における経験主義の優位化とその普及に大きく貢献してきた[2]ことに気づかねばならない。ここで我々が注目すべきことは、自然科学では知識が増えるにつれ、高度な理論が頻繁に発想され、かつ、その験証にはより精緻《せいち》な実験・観測技術が要請されてきているため、「発見の文脈」よりも「正当化の文脈」が一段と重要視されるようになってきている、という点であろう。

Ⅳ 社会科学での「つくられた現実」の困難性

つまり、経験主義での験証は、我々が体感する現実そのものを対象とするのではなく、条件を満たすべく操作化された現実、言い換えれば「つくられた現実」を対象としなければならない。既に「落体の法則」の例示でも触れたが、ワインバーグによれば、自然科学の発展は、こうした「つくられた現実」を作り出すための技術の進歩によるところが大きい。

さて、人為すなわち自律的に展開される人間行動――外部からの操作や方向づけが難しい閉鎖システム[3]――を研究対象とする社会科学において、そのような「つくられた現実」を設けることは極めて困難である。にもかかわらず社会科学では、もちろんマーケティング研究でも、自然科学での経験主義を理想化するあまり、「現実そのものを反映したデータによる験証(多くの場合、統計的検定)」、つまり調査主義が採用され、かつ、自然科学を見習うかのように、いまだに「発見の文脈」よりも「正当化の文脈」が重視されるに至っている。次項では、この点について批判的に吟味してみよう。

Ⅴ 調査主義における理論仮説の脆弱性

前述のように調査主義においては、多くの場合、意味ある理論仮説を生み出すことが難しく、これを験証しても、「当たり前」に限りなく近い結論しか得られないことが多い。それは、さまざまな条件が錯綜して構成される現実に身を置きつつ、そのままの現実を捉えようとする限り、「特定の条件が××ならば、固有の結論○○が得られる」という、明快で鋭い理論を導き出し、かつ、それを験証する「場」(既述の「つくられた現実」)を確保することが難しいからである[4]。したがって、こうした状況下で、験証(より具体的には統計的検定)で肯定され得る仮説を創り出そうとするならば、常識に限りなく近い論理しか生まれてこないであろう。では、このことを例示的に説明してみよう。

社会科学における実証主義(調査主義)では、たとえば、次のように理論仮説を立て、これに分散・共分散分析などの統計的手法[5]——ほとんどパッケージ化されている——を用いて、有意差検定を行なうことが流行している。

理論仮説:「特定ブランドのために作られたキャラクター(M)は、従来のキャラクター(N)に比べ、消費者による当該ブランドの評価を高める」[6]

このような理論仮説は、「当たり前だ」という批判から完全に逃れることは難しい。なぜならば、特定ブランドの愛好者は、当該ブランド固有のキャラクター(M)が提供されると、それを他ブランドに対する差別化として認識し、ますます当該ブランドへのロイヤルティを高め、また、ブランドを重要視していない消費者の中にも、当該ブランド固有のキャラクター(M)に注目し、そこから当該ブランドの差別性に興味を持つ人々が出てくるということが、容易に想定できるからである。なお、統計的検定では、分析者が験証の対象とする仮説（統計学でいう対立仮説）を否定した仮説（統計学でいう帰無仮説）をつくり、それが成り立たないことを示すことによって、このような理論仮説を肯定していこうとする。前述の理論仮説（対立仮説）を否定してみると、次のような帰無仮説をつくることができる。

帰無仮説：「特定ブランドのために作られたキャラクター（M）は、従来のキャラクター（N）に比べ、消費者による当該ブランドの評価を高めない」

この帰無仮説は、成り立ちがたいというよりも、全く非現実的、かつ、無意味な言明だといっても過言ではない。[7] なぜならば、消費者が当該ブランドへの評価を高めないなら、当該ブランド固有のキャラクター（M）を作る必要がなく、ここでいう行為や事象は、現実的にみて、あり得ないことになるからである。

つまり、前述の例では統計的に験証しなくても、当たり前に成り立つと思われる言明を理論仮説としているのである。したがって多くの場合、統計的処理を施すと仮説は支持されることになる。なお、こうした調査主義に基づく研究は、「発見の文脈」よりも過度に「正当化の文脈」を重視した結果だともいえる。

したがって、拡張概念化された経験主義、すなわち、我々がいう調査主義に基づく研究の多くが、既述のように「当たり前に近い理論仮説の験証」に終始しているといってもよいだろう。我々は、研究者がこうした学風に埋没することを恐れている。

2 経済学における経験主義の緩和

Ⅰ 社会科学のもう一つの潮流

社会科学では、前述してきたように、自然科学での経験主義を拡張概念化した調査主義に依拠しつつ、仮説の験証(統計的な検定)を担う「正当化の文脈」を重視する潮流をつくり出してきた。しかし、そこでは、自律的な人間行動を操作化することが困難なため、理論仮説の脆弱性(仮説の無意味性：仮説の「当たり前」性)が指摘され得ることを確認した。

ただし、社会科学の中でも、このような調査主義を信奉する潮流とは別に、自然科学で確立された経験主義を大幅に緩和していこうとする、もう一つの潮流を識別することができ、それは、正統派経済学に読み取ることが可能である。正統派経済学を、ここでは、「理論経済学」と「応用経済学」に分けることにする。前者は客観的な理論の構築を目的とし、後者は、それ(前者：理論経済学の成果)を現実の把握に利用することを目的としている。我々は、このことを冷静に検討するが、その前に、正統派経済学の先端を走っている「理論経済学」の特徴と限界を探り出しておく必要がある。

Ⅱ 理論経済学の検討――ケインズの乗数理論

ここから筆者の研究[8]にそって、理論経済学の特徴と問題点をさらに鮮明に探り出すために、ケインズの乗数理論[9]を例にとって検討してみよう。まず、乗数理論を導くために、以下の三つの恒等式が定義される。

$$Y=C+S \cdots ① \qquad C=\alpha Y\ (0<\alpha<1) \cdots ② \qquad S=I \cdots ③$$

ここで、Yは所得、Cは消費、Sは貯蓄、Iは投資を表わし、αは消費係数と呼ばれ、所得(Y)にこのαを乗じた値が消費(C)になる(②式)。所得(Y)は消費(C)と貯蓄(S)の合計値(①式)となり、この貯蓄(S)が投資(I)の原資となる(③式)。

次に、乗数理論を導き出すために、①式に②と③を代入すると、④式を得る。これをYについて解くと⑤式が得られる。この⑤式が乗数理論の定式化となる。

$$Y=\alpha Y+I \cdots ④ \qquad Y=\{1/(1-\alpha)\}I \cdots ⑤$$

⑤における{1/(1-α)}を乗数と呼ぶ。一般に所得に占める消費の割合(α)はかなり大きいと考えられ

るので、乗数は1・0をはるかに超える値だと想定されている。たとえばα＝0・8とすると、⑥式に示すように乗数は5・0となる。

Y＝{1／(1−0.8)}I＝(1／0.2)＝(5.0)I…⑥

Ⅲ 乗数理論と人為との乖離

次に、前項の⑥に示された理論とその帰結が、人為(自律的な人間行動)の現実から乖離していることを明らかにしてみよう。

⑥では、投資がその5倍の所得を生み出すことになるため、不況期においては、財政が赤字になっても公共投資をすると5倍の所得がつくり出されるので、これによって財政赤字は直ちに補填される、という政策的アイディアが罷《まか》り通ることにもなる。しかし、実際には公共投資をしても、不況を脱するに値する所得が十分に生み出されず、財政赤字も解消されないことが、特に近年、成熟国で常態化してきている[10]。これは、まさに普遍性・客観性を求める理論(数式化された理論)が、現実と乖離しているため、理論を事実でもって験証することは困難である[11]、ということを示す典型例の一つだといえよう。以下で、この点をさらに深堀してみる。

まず、⑥式は、右辺の「(5.0)I」が左辺のYに等しくなる、という同値関係を述べているに過ぎず、「投資をすれば(原因)所得を生み出す(結果)」という、人間行動に基づく因果関係を表現しているのではない、ということを我々は知るべきである。数式が、こうした因果関係を表わし得ないにもかかわらず、正統派経済学はこれを駆使しつつ、人間社会での因果関係を安直に語ってきたといえよう。

次に、「所得は、需要を創造(獲得)しようとする人間活動から生み出される」こと、より一般化すると、「経済においては、人間行動の自律性に基づく、主体的な介在が必須である」ことを正統派経済学は捨象している点に注意する必要がある。実は、この人間行動の捨象(抽象すべき特性以外の特性を捨て去ること)は、その行動と成果との関係を分析することへの配慮を欠き、前述のように、正統派経済学の数式依存度を高めていくことになる。投資をしても、これに見合う需要が創られなければ、つまり、人間による主体的な需要創造活動が行なわれなければ、投資は需要拡大と結びつかず、十分な経済効果を生み出すことができない。たとえば、公共投資で橋梁を造っても、これを利用する相応の需要が創られない限り、橋梁の供給過剰が生じてしまう。ただ、橋梁を造るに際しての賃金等の支払いによって所得が増え、それが消費需要を派生させるが、それは必ずしも確実に有意な値になるとは限らず、特に成熟国では、所得の多くは、消費の拡大(需要の創造)に結びつきがたく、それが貯蓄に回ってしまう確率が高くなり、乗数が「理論値である5・0」を著しく下回る恐れも大きい[12]。

もう一つ、「Y＝(5.0)I」(⑥式)という乗数理論が導き出される数学的論理は、厳密にいうと、「S＝I」(③式)を根拠としているが、しかし、実際に乗数理論が政策(「有効需要」喚起策)に使われるのは、貯蓄(S)の裏づけがない(すなわちS≠I)ときであり、それ(I)に見合う金額は、財政赤字から捻出されることになる。これは明らかに論理の飛躍[13]である。ケインズは、こうした飛躍によって、財政赤字でも、乗数が大きいことが想定されるため、「有効需要」喚起策は、赤字を埋める以上の所得拡大効果をもたらすと想定したのであるが、既述したように、現実は必ずしもそうではなかった。

Ⅳ 正統派経済学の特徴

既に述べたように、正統派経済学は、高度な数学を駆使する「理論経済学」で理論を開発しつつ、これを「応用経済学」に適用して、経済の現実的動きを捉え、かつ、政策的アイディアを導き出そうとしている。ここでは、理論経済学と応用経済学を相互に関連づけること、言い換えれば、理論構築と現実認識との交流による相乗効果が狙われているともいえる。すなわち、想定された理論から現実を捉えることによって、理論を改善しつつ、その改善した理論によって、新たな視野から、変化する現実を捉え直す、という理論展開と現実把握との相互交流の持続が図られている。その意味で、正統派経済学は、「発見の文脈」と「正当化の文脈」の峻別《しゅんべつ》を避け、両者の相対化を促してきたといえる。

Ⅴ 正統派経済学の限界

前述のように、正統派経済学の潮流は、たとえば「調査主義における理論仮説の脆弱性」で例示した「当たり前に近い理論仮説」を構築する危険を避け、注目に値する理論仮説を、多数、生み出してきた。しかしながら、他方で、自律的な人間行動に接近するよりも、むしろ、そうした人為の世界から離れ、経済の現実を理論構築へのヒントとしか捉えない、という方向を辿ってきたといえる。正統派経済学が、現実の経済を説明するよりも、有意な理論を多く見つけ出すことに重きを置いてきたともいえる。これは、別の観点からみると、「発見の文脈」での豊富化を進めたといえよう。しかしながら、前述のように高度な理論の多発は、正統派経済学が人間の経済行動を的確に説明し得ていない、という批判に晒される原因の一つともなっている[14]。

1 『科学の発見』による科学史の分析は、現代の最先端の科学理論からみて、過去の理論の不備を洗い出すことに重点が置かれている。それは、各々の時代の科学知識の水準に応じて、当該時代の理論を評価すべきだ、という科学史研究の伝統的パラダイムに反しているため、大きな話題を呼んだ。

2 Weinberg,S.(2015),TO EXPLAIN THE WORLD：The Discovery of Modern Science, Janklow&Nesbit（大栗博司 解説・赤根洋子 訳（２０１６）『科学の発見』文藝春秋）

3 人間行動は、自律的に展開されるがゆえに、システム理論でいうと、あるインプットに対応するアウトプットが一義的に決められない閉鎖システムである（西垣 ２０１３）。これに対して、物理的現象は、実験装置などを設けることによって、あるインプットに対応するアウトプットを一義的に決められる、という意味で開放システムだといえる。

4 かなり昔のことであるが、ある学会で高く評価されている研究者に、彼の専攻分野での実証研究（我々のいう調査主義）において、ここでいう「当たり前」に近い理論仮説が多いのはなぜか、という議論を持ちかけようとしたが、彼から『当たり前』と思われることが真か否かを確かめるのも学問の重要な役割だ」と一蹴され、私は、唖然として議論するのを止めてしまった。

5 この分野で使われる統計手法としては、現実の多様性に即して、多くの変数を分析にかけるために、多変量解析がよく使われる。こうした多変量解析の多くは、低次元空間をつくり出し、そこに個々の研究対象（サンプル）を位置づけるために開発された方法論であるが、そこまで（低次元化された空間に対象を位置づけるところまで）追求せずに、要因分析で終わる研究が多い。

6 ここでの理論仮説の例は、特定の研究成果ではなく、実際の理論仮説の多くに共通する傾向を踏まえつつ、そこから我々がつくり出したものであるが、意図的に捏造したのではないことを理解していただきたい。

7 現実を操作化せずに、現実そのものの説明に埋没している限り、鋭い仮説をつくり出すのは難しい。マーケティング分野で実証主義（より具体的には、我々のいう調査主義）を信奉している研究者が検証しようとする理論を帰無仮説化すると、多くが「現実として成り立たない」ことがわかる。「現実として成り立たない」の否定は、「現実として当たり前だ」を述べているに過ぎない（上原 ２０２０）。

8 上原征彦（２０２０）「需要創造の経済学：序説」『市場創造研究』第9巻

9 ここでは、もちろん、かの有名なケインズ著（１９３６）『雇用、利子および貨幣の一般理論』における文脈の一つに注目している。ケインズは、周知のように、投資が所得を生むという乗数理論を定式化しただけでなく、そうした投資の決定にかかわる現在価値（時間と割引率による見通しの評価）や流動性選好（貨幣と債権との比較と選択）などの定式化も行なっている。

10 この点は、近年、特に欧州で気鋭の経済研究として注目されてきている、セドラチェク（２０１５：村井 訳）も鋭く指摘している。

11 近年、理論と現実との相関性を否定する優れた研究として、科学哲学を論じたメイヤスー（２０１６千葉・大橋・星野 訳）が脚光を浴びている。

12 たとえば、小島（2008、2009）によると、「乗数は、せいぜい、1・0に過ぎない」と結論づける研究が多い。乗数が1・0ということは、投資に使われた財政赤字を補填するだけであって、景気を浮揚させる所得拡大効果はゼロに帰する、ということを意味する。

13 小島寛之（2009）『無限を読み取る数学入門』角川ソフィア文庫

14 正統派経済学を批判しつつ、それが軽視してきた人間の行動や意識に直接、迫ろうとする経済研究として、「行動経済学」が注目されつつあり、友野（2006）で、その潮流を知ることができる。しかし、この学派においては、我々がいう調査主義の脆弱性について、十分な検討をしていない。

第5章

人間行動を捉える研究

1 規範科学への依拠

Ⅰ 経験主義の限界――人為に関する客観的把握の困難性

　ここまで述べてきたことからみて、客観的な理論の構築を目指す限り、言い換えれば、経験主義に依拠する限り、自律的変動性を伴う人間行動(より具体的に表現すると、自分勝手に変化する人間行動)そのものを分析対象とするならば、意味ある理論の構築とその験証は極めて困難だといえる。それは、第1に、自律的な人間行動を特定の因果関係に固定することが極めて難しく、第2に、人間行動をその自律性に任せたままで、これを捉えようとしても、「特定の条件××ならば、固有の結論は〇〇だ」という鋭い因果関係を導き出すことが困難となるからである。

　では、どうすればよいか。一つの答えを提示してみよう。社会科学が何らかの験証を必要とするならば、「規範目標(価値・目的)を排除した客観的理論」の構築・験証を目指す経験科学から離れ、「規範目標を実現するための手段」の理論化と検証(ここでは、経験科学でいう験証と区別するために、検証と呼ぶことにする：後述の「験証の形式化からの解放」)を行なう方法、つまり、規範主義に依拠することによって解決すべきであろう。ここでは、たとえば、人間Aと人間Bとが実現しようとする規範目標が同じであれば、AもBも同じ合理的な手段を採用するであろう、と見なすことになる。すなわち、特定の規範目標を実現するための合理的手段は、個々人の自律的変動性を超えて、彼らの行動を一定の方向（安定した規則性が識別できる方向）に導くため、その方向性（規範目標を実現する手段の合理性に関する合意）に依拠して理論仮説を導出し、その有効性を探り出す方法、すなわち検証の方法を見出せばよいことになる。人間行動を分析対象とする社会科学での理論の構築と検証は、「自律的変動性を伴う行動」を「それ（行動）を一定方向に導く手段」に変換することによって、それが可能となる。すなわち、規範科学の方法に頼らざるを得ない、ということになる。

そして、規範主義に依拠することが、人間社会におけるさまざまな価値を高めていく手段の発見と進化に大きく寄与し、それゆえに、社会科学の内実を豊かにしていくことになる、と考えることもできるであろう。

Ⅱ 社会科学での規範主義の効果

元一橋大学総長の山中篤太郎先生によれば、自然科学は１＋１＝２となる「有限法則」を見出すことを目指しているが、社会科学は１＋１が２を越える「展開法則」を見出そうとしているという[1]。かつて、私が山中先生に「１＋１が２より小さくなることもあるのではないか」と質問すると、先生は「１＋１が２より大きくなる方策を見つけ出すのが社会科学の真髄だ」と答えられた。まさに、社会科学の規範性とその効果を見事に表現した言明だ。

ここでさらに、強調しておきたいことがある。それは、規範主義に依拠したからといって、必ずしも、客観的理論の開発が制約される訳ではない、という点である。経験主義であれ規範主義であれ、開発される理論での因果関係そのものは客観性を有しており、かつ、理論の連鎖により、規範主義においても、関連する客観的理論が創発的に生み出されてくる[2]。なお、山中先生のいう「展開法則」も、こうした理論の創発的連鎖によって、その効果がさらに発揮されることが期待されている。

Ⅲ 験証の形式化からの解放

規範主義では、経験主義とそこから派生的に生み出されてきた、さまざまな制約から解放されることになるであろう。まず、験証の厳密化(現実を操作化した観測や実験)や形式化(現実をそのまま反映したデータによる統計的検定)は必ずしも強く要請されず、規範目標を実現する手段の合理性について、関係者(研究とその対象に関わる人間行動を構成する関係者：行為主体者・行為対象者・分析者等)の合意が得られる、という確認ができればよいことになる。この確認は、前述の験証を含む、より広い意味での「根拠づけ」を指し、これを検証と呼ぶことができる。ここでいう検証は、現実を反映したデータによる妥当性の判定の他に、仮説に基づく戦略(手段の行為化)がどのぐらい成功を収めたか、また、仮説が何人に支持されたか、など多面的な確認を含む(コンサルティングでの成果も含まれる)。このような「験証の厳密化・形式化」からの解放が許されるのは、規範主義が、「人為の方向づけ」を基盤とするため、その方向づけに位置づけられる人々の合意に頼ることも可能となるからである。

Ⅳ 理論開発と現状分析との相互交流

次に、前項のことを踏まえると、「発見の文脈」と「正当化の文脈」との峻別がなくなり、「正統派経済学の特徴」で触れたように、理論と現状分析との相互交流が著しく進み、そこから有意な理論が数多く生み出される機会も多くなる。次に、このことを例示しておこう。

拙著『経営戦略とマーケティングの新展開』(誠文堂新光社)では、「どんな企業で営業部門の権限が強いか?」という「問い」に答えるために、「経営規模が大きく、かつ、不確実性の高い市場に進出している企業ほど、営業部門の権限が強い」と表現できる仮説(ここでは、著書での仮説を簡略化して表現しているが、内容は変えていない)を立て、これを、調査データによって統計的に検証した、という論述がなされている。

しかし、実際の作業は逆で、先行研究がほとんど見当たらなかったこともあり、まず、「問い」に答えるための実態調査を行なうことから研究作業を開始した。すなわち、最初に、業種や規模の多様性を考慮してサンプリングし、「企業規模、対象市場の特性、営業部門の権限など」の実態を調査し、次に、ここで得たデータを緻密に分析した。その結果、既述の「経営規模が大きく、かつ、不確実性の高い市場に進出している企業ほど、営業部門の権限が強い」ことを見出し、その理由を文献等で探るための作業を行ない、これを仮説として、既に終えていた「実態調査の分析結果」を験証に位置づけた。上例では、実態調査を「発見の文脈」に使うことによって、有意味な言明を見出すことに成功したといえる。

「仮説（「発見の文脈」での直感・熟考）⇒験証（「正当化の文脈」での実態調査と分析）」という手順を採用していたならば、おそらく、前述のような有意な結論を導き出すのに困難を極めたであろう。有意味な理論は、緻密な現状分析（「発見の文脈」としての実態調査分析）から生まれてくる確率が極めて高く、こうした現状分析を、験証の主たる手段とすること、言い換えれば、それを「正当化の文脈」のみに位置づけることは、社会科学に関する限り、理論開発を大きく狭めてしまうことになるであろう。

2 需要開拓を目的とするマーケティング研究

I マーケティングでの規範の把握

さて、今まで述べてきたことからみて、社会科学の一分野たるマーケティング論が規範科学としての体系化を目指すべきだ、という論拠が明らかにされたといえよう。それでは、マーケティング論は、如何なる規範（目標）のもとで、その体系化が図られるのが望ましいか。以降では、こうした問いかけから議論を進めてみよう。まず、マーケティングの生成がどう捉えられ、そこからどのような規範が識別されるかを見ておこう。

Ⅱ 需要開拓を目的とするマーケティング

マーケティングの生成については、大きくは二つの説があるようだ。一つは、主として日本で伝統的に唱えられてきた説である。それは、寡占メーカーによる市場対応として捉えられている。18世紀後半に英国ではじまった産業革命は、19世紀の半ばに米国で開花しはじめ、20世紀初頭には顕著な生産力の上昇と製造段階での寡占化が進むと同時に、供給過剰の様相を呈する市場が増えはじめた。これを打開するため、特に寡占メーカーは自社製品の需要を獲得するために、さまざまな手段を開発せざるを得ず、これがマーケティングという固有のビジネス活動領域をつくり出した[3]。

もう一つは、経営学者のドラッカーが主張し、これに同調する研究者が支援する説であり、ここでは、マーケティングは「顧客の創造」を実現しようとする、企業の中核的な機能として捉えられている。それは、売り手が、買い手との良好な関係を築くために、交換経済が開始された昔から現在に至るまで脈々と続けてきた行為だ。これが、近代的な企業が出現・成長するに伴い、「顧客の創造」が企業の最も重要な目的とされるに至ったという。ドラッカーによれば、企業が収益を得ようとすることは生存のための必要条件に過ぎず、経営の唯一の目的は「顧客の創造」にあり、この役割をマーケティングが担うことになる[4]。

この二つの説に共通することは、マーケティングが自社の収益を拡大するための「需要の獲得」や「顧客の創造」を行なうという意味で、それは「需要開拓」を目的として、歴史的に生成・展開されてきたという点である。こうした需要開拓には、次に述べるように、大きく二つの側面を見出すことができる。

Ⅲ 需要開拓の側面――「需要創造」

需要開拓の一つの側面は、我々が「需要創造」と呼んでいる経営行為で、従来にない全く新たな需要を創り出すことを指している。これは、イノベーションと深く関わる行為だと見なすことができ、既存需要に新たな需要を追加する効果(需要追加効果)と、既存需要を代替してしまう効果(需要代替効果)のいずれか、あるいは、双方を有している。こうした需要創造は、資本主義社会ではもちろん、競争を通じて、その活動が誘発・活発化されていく。

需要追加効果は、マクロ経済(たとえば国民経済)での所得拡大を促し、マクロ経済を活性化する役割を担う。需要代替効果では、財の代替によって人々の生活の向上が図られる。同時に、それは、既存需要に依拠する企業には不利を与えるが、その不利を克服するための経営革新を促すことも少なくない。そこで我々が強調したいことは、個別企業によるこうした需要創造は、需要追加効果や需要代替効果を通じて、総じてマクロ経済の活性化に繋がる確率が高いという点である。

ここで確認しておきたいことがある。それは、110頁および111頁で述べたケインズの乗数理論は、ここでいう需要創造を狙ったマクロ政策であり、そこにはまさに、マーケティングという極めて人間的な行為、すなわち人為が必須となるはずだが、数式での理論構築は、こうした人為を捉えきれない、ということである。

Ⅳ 需要開拓の側面――「需要奪取」

個別企業が自社の収益を高めるために行なう、需要開拓のもう一つの側面は、我々が「需要奪取」と呼んでいるもので、それは新需要や代替需要を創らずに、既存市場内で競合他社から需要を奪い取ることを指す。こうした行為も、もちろん競争行為に関係づけられ、この需要奪取には、競合他社に対して品質で優位に立とうとする品質差別化と、低価格で競合から需要を奪い取ろうとする価格差別化がある。品質差別化での競争は、人々の消費や生活を洗練させる効果を持ち、価格差別化での競争は、人々の生活費用を下げる効果を発揮するが、いずれも需要創造に比べ、マクロ経済を革新・活性化する効果は小さく、特に、価格競争が極度に進むと当該業界の疲弊がはじまるとされている。

ここから得られる示唆は、需要開拓はマクロ経済を拡大・活性化する効果を有し、とりわけ、需要創造にそうした効果が顕著である、ということである。そこから、マーケティングにおける需要開拓、中でも需要創造は社会的機能として相応に評価すべきだ、という規範的意義を読み取ることができる。それは同時に、マーケティング論を、需要開拓、とりわけ需要創造という目的遂行に向けての合理的な手段の開発を目指す規範科学として捉えることができる、という示唆を我々に与えてくれる。

Ⅴ 需要創造を規範とするマーケティング研究の要請

さて、マーケティング研究においては、需要開拓の中でも、需要創造をマーケティングの主たる規範として理論化・体系化を進め、需要奪取は、こうした方向での従たる部分として位置づけていくことが妥当だと思われる。それは、次の二つの理由による。

第1に、既に述べてきたように、マクロ経済という社会的観点からみても、需要創造の方が、需要奪取よりも、人々の経済生活を豊かにさせる効果が有意に大きいからである。

第2に、マーケティング研究において、需要奪取は競争の理論化によっても、かなりカバーできる。かつ、競合が見えているので、競争対抗理論なども援用でき、理論構築は相対的に容易である。これに対して、需要創造は、未知への理論的挑戦という性格を有し、時代を超えて研究者の興味をそそるため、マーケティング研究の固有性を強調できる可能性を秘めている。

3 マーケティング研究の展開とその課題

Ⅰ 学術的範疇の拡大と学際化

マーケティングは、既に述べたように、需要開拓という実践的要請から生成されたと推察してよいであろう。このことは、実務家も研究者も、史実としての認識はともあれ、直感的かつ体感的に認識していることは間違いない。しかし一方で、実務と研究の双方で多様な分野への関心が広がっていることもあり、他の社会科学と同様に、研究領域の拡大とテーマの分化が進む動きが出てきている。

大きく捉えると「資本主義社会における企業の市場適応に関する研究」という方向での学術的範疇の外延化が志向されてきたともいえる。より具体的には、需要開拓と関係がないとはいえないが、買い手との良好な関係をどう築くか、自社製品を首尾よく買い手に到達させ、かつ、社会的に評価してもらうためにはどうすべきか、ブランドへの愛顧と認知をどう捉えるべきか、消費者の意識と行動はどう変化しているか、消費者間の情報交流をどう捉えたらよいか、近年では、モノ消費からコト消費への変化は何を意味するか……などという問題意識への広がりが顕著に進んできている。そして、こうした広がりに関連する多くの研究テーマを他分野からマーケティング論に取り込む動きも活発化し、経済学だけでなく、心理学、社会学、情報理論、行動科学など、多様な関連分野との交流による学際化と細分化が著しく進んでいる。こうした状況は、もちろんマーケティング研究の高度化を物語っているが、一方で、次のような課題を指摘しておく必要もあるだろう。

Ⅱ マーケティング研究の課題

まず、現代のマーケティング論では、製品開発論、流通論、消費者行動論、ブランド論、広告論、販売促進論、競争対抗理論、市場調査論など、それぞれが固有の領域を構築することによって研究の高度化を図る動きが活発化してきているが、これが極度に専門化かつ精緻化され、マーケティング固有の実務的示唆に欠ける研究が増える傾向もみられる。

さらには、高度化・専門化・精緻化が進む中、本章で我々が推奨してきた規範主義から離れ、経験主義をマーケティングに取り入れるべきだとする気運が根強いことも指摘しておきたい。これは、社会科学も、自然科学と同様に、価値・目的を排除する客観的な仮説検証に終始すべきだと主張する研究者も少なくないことからみて、ある意味で当然の気運かもしれない。しかし、既に例示したように、こうした研究のほとんどは、経験主義を拡張概念化した方向に進み、脆弱な理論を多発することに終始しているといってもよい。

次に、マーケティング生成の目的とされた需要開拓が、前述のように学術的研究方向の拡大・分化の過程に埋没してしまい、マーケティング理論の中心的テーマとして、必ずしも十分に認識されるに至っていない、という点にも注目すべきであろう。

既に、需要開拓には需要創造と需要奪取があることを述べたが、まず、後者の需要奪取(品質差別化と価格差別化)については、製品開発理論・価格理論・競争対抗理論などに分化して論じられている。しかし、ここで我々が最も問題にしたいのは、マクロ経済の活性化に大きく寄与するとした需要創造に関しては、マーケティング論の中核領域として明確に自覚されず、また、それに基づくマーケティング理論の体系化が十分に図られてきたとは言いがたい[5]、という点である。それは、むしろ、経営学や経営戦略論などに位置づけられるイノベーション理論に包摂される中で、基礎的かつ包括的な理論構築が進んできたに過ぎないともいえる。

需要創造をマーケティング論の中核に据えつつ、それを製品開発やプロモーションなど多様な手段と関係づけつつ、具体的な規範理論として、その体系化に果敢に挑戦してきた研究は、次に述べる梅澤伸嘉氏の業績[6]を除いて、極めて少ないといえよう。

Ⅲ 課題に応える方向――需要創造の方法論に関するマーケティング研究の体系化

我々は、前述の課題に応える動きの一つとして梅澤氏の研究に注目している。なお、梅澤氏は、我々が前項の注釈6でその一部を示した研究成果の他に、実に多数の著書を出しているが、2021年に発表した「買う前にお金を払わせる凄い力・コンセプトパワー～MIPの成功を支える『キーニーズ法』の最新～」(『市場創造研究』Vol・10)では、彼が続けてきた研究のさらなる進化の方向が要約されている。

梅澤氏は、博士号を取得し、主として新製品開発を担う実務家に向けての指導と、それに基づく研究を続けてきており、既にコンサルタントとして名声を博してきた。我々は、かなり前から彼の研究を学問的にも高く評価してきた。それは、彼が、我々の考え方と極めて類似している方向、すなわち需要創造の方法論に関するマーケティング研究の体系化を目指しているからである。梅澤氏が追求してきたテーマは、新市場創造型商品(Market Initiated Product：以下、MIP)の開発に成功する手段とその体系をどう構築するか、という点にあるが、我々は、そこから需要創造を規範とするマーケティング理論の体系化が図られる可能性ある、ということに注目している。

まず、MIPの開発は、それが新市場の創造を目指すことから、我々のいう需要創造に該当すると考えてよいであろう。

梅澤氏によれば、MIPの開発は、コンセプト(Concept)開発とパフォーマンス(Performance)開発の有機的結合から構成される（CP理論）。前者（C理論）では、買い手が新たな欲求を抱く動因をどう概念化し、かつ、表現していくか、また、それをどう訴求するかの方法論が論じられ、ここから、マーケットリサーチに関するさまざまな手法（インタビューの方法、アンケート調査とその分析方法等）や広告・販売促進、顧客との関係構築などについての方法論が導き出される。後者（P理論）では、このコンセプトを的確に実現する財（物財とサービス財）をどう作り込み、これをどう市場に到達させていくか、などということが明らかにされ、ここから、製品開発、チャネル開拓、価格設定などについての有効な方法論が導かれる。

前述から、現代のマーケティングに必要な手法のほとんどが網羅され、彼が需要創造を規範とするマーケティング理論の体系化を図ってきたことが理解できる。しかも、個々の手法については、梅澤氏による独自のアイディアが活かされ、市場や社会などの変化に応じて、常に改善されてきている点も注目に値する。

我々は、既に述べたように、マーケティングの規範は、広義には需要開拓にあり、それは、需要創造と需要奪取に分けられるが、127頁でも触れたように、マーケティング研究の固有性は需要創造に見出すべきだ、と主張してきた。この点について、すなわち需要創造と需要奪取との位置関係について、梅澤氏はどう考えているか。

彼は、我々がいう需要奪取に該当する商品は、競争を挑む手段としてそれを位置づけながら、MIPと比べ、長期にわたる収益を得られないことを検証している。ここで、梅澤氏は、マーケティングの規範が、MIPの開発、すなわち需要創造にある、ということを信条としていると解釈でき、この点は我々の見解とほぼ同様だといえよう。

4 実学としてのマーケティング研究の要請

Ⅰ 実学と虚学の区分

作家の保阪正康氏は、実学と虚学を区分し、前者を「自己の内面の欲求に即し、生き方そのものを探求する学び」、後者を「自らの社会的価値や利益を高めるための学び」と定義している[7]。ここでは、学問の違いそのものではなく、学びの姿勢（学び方）の違いを強調している。

これに対し、流通革命論で名を馳せた林周二氏は、実学と虚学を学問の目的の違いとして概念化している。彼は、職業専門家を育てるための学問を実学、学術研究のための学問を虚学としている。たとえば、医学は、病気を治癒するための職業専門家たる医者を育てることを目的としているので、実学として捉えられ、病理学は、病気を治癒する理論を開発する学術の展開を目的としているので、虚学として位置づけられる[8]。こうした林氏の規定に対し、あるマーケティング学者が、理論の高度化を志向する学術を〝虚〟学と呼ぶのは違和感があると非難したらしいが、数学を少しでもかじった人であれば、林氏の見解を容易に理解できるはずである。数学研究では、実数よりも虚数のほうがはるかに高度な知識を必要とし、林氏は、このことを熟知したうえで、実学と虚学とを区分したと考えるべきであろう。次で、我々は彼のいう区分を採用することにしたい。

Ⅱ マーケティング研究における実学志向の要請

さて、林氏のいう実学は、規範科学に位置づけられ、その規範が教育目的としても活かされることになる。マーケティング研究は、需要開拓、中でもより独自性に富む、需要創造を目的とする規範科学である。これに教育という側面を考慮に入れると、マーケティング論は、マーケターという職業専門家を育てる実学として捉えることができる。もちろん、実学としての医学から、客観理論が創発的連鎖によって数多く生み出されてきているように、実学としてのマーケティング研究からも、優れた客観理論が多く輩出することが期待できる。

マーケティング論が実学だとしたら、それは、規範主義的研究だけでなく、マーケターを育成する教育としても機能し、医学と同様に、教育と研究との相乗効果を図る学門として位置づけられ、そこには、次のような配慮が要請されてくるであろう。

① 大学の学部やＭＢＡでのマーケティング講座では、マーケターという職業専門家を育てる教育がなされ、その高度化を図るための研究が推進される。ここでの教授陣には、もちろん学者(大学・大学院で訓練された専門的研究者)も含まれるが、多くがビジネスで優れた業績を積んだマーケターや、その経験者で構成されていく。

② 需要創造という、未知を既知化する領域を中核とするマーケティング研究と教育が必要となるた

め、大学の学部やＭＢＡでのマーケティング講座では、ケースメソッドなどを活用しつつ、創造力を身につけるための討論や、発想の訓練を行なう科目が多く設置される。

③マーケティング研究に関わる学会も、学者だけでなく、多くのマーケターによって構成され、そうした実務家が、査読者のメンバーとして、相応の発言力を発揮できるようにしつつ、過度に形式化された学風が蔓延することを防いでいく。

Ⅲ 実学に向けての兆し

現在のマーケティング研究の状況をみると、必ずしも前述の要請が十分に自覚されているとはいえないが、実学化に向けての兆しが見えてきていることも事実である。最後に、この点について触れておこう。

まず、かなり前からマーケティング研究に関して、いくつかの業界団体が、実務家と研究者との交流を目指しつつ、その実学化に向けて相応の役割を担ってきたことが指摘される。その中でも、公益社団法人日本マーケティング協会は、我が国におけるマーケティング活動の普及とその研究の進展のために、情報誌の発行や実務家に向けての教育活動などを積極的に展開しながら、一方で、日本の学者によるマーケティング研究に刺戟《しげき》をあたえ、その発展にも大きく貢献してきた。

なお、２０００年に入る頃から、いくつかの業界団体が、マーケティング研究に関わる学会をつくる動きが見られるようになった。前述の日本マーケティング協会も、２０１２年に「日本マーケティング学会」を設立した。マーケティング学者と職業専門家（マーケター）で構成される国内最大のマーケティング研究のための学会であり、その実学化に向けての拠点となることを期待したい。

もう一つ、本章で既に紹介した梅澤氏の主宰によって、２０１０年に、独自の学会「日本市場創造研究会」が設立された。これは、主として業界を越えた、さまざまな企業のマーケターによって構成される学会として捉えることができる。もちろん研究者も参加でき、かつ、マーケターとしての職業専門家の育成も視野に入れている。この学会では、梅澤理論の修得とその進化に焦点が当てられており、この意味で、実学としてのマーケティング研究を推進していく学風を読み取ることもでき、その方向での発展が期待される。

1 山中篤太郎（１９６９）『社会科学の基本問題』第三出版

2 たとえば、江森英世（２０１０）「数学的コミュニケーションの創発連鎖における反省的思考と反射的思考」『科学教育研究』Ｖｏｌ・34、Ｎｏ・２

3 この説は、産業の歴史的発展段階からマーケティングの生成を認識しようとする潮流で、かつては我が国のマーケティング研究者の共通認識として信奉されていたといっても過言ではない。この点は、たとえば、荒川（１９７８）からも明らかだといえよう。

4 今では古典となったドラッカー（１９８５）、さらにコーエン（２０１２）によると、ドラッカーは、企業の目的が「顧客の創造」にあり、かつ、企業の基本機能はマーケティングとイノベーションに絞られる、ということを強調している。

5 需要創造がマーケティングの全領域にかかわっていることは誰もが認めるところであるが、このことが当然だと認識されてきたがゆえに、需要創造に焦点を当てた理論体系がほとんど構築されないできた、というのが我々の理解するところでもある。

6 梅澤伸嘉氏は、『長期ナンバーワン商品の法則』（ダイヤモンド社）など、注目すべき多数の成果を出版してきた。『〝梅澤式〟だと、なぜ超ヒット商品がこんなに作れるのか』（1万年堂出版）は、従来の成果をコンパクトにまとめたもので、彼の業績を直ちに知ることができる。

7 保阪正康（２００５）『実学と虚学』ＰＨＰ研究所

8 ここでの記述は、林周二氏が、『現代の商学』（有斐閣）を著わした動機や問題意識について、学会で講演した内容に基づいている。

9 たとえば、日本通信販売協会によるダイレクトマーケティング学会、日本プロモーショナルマーケティング協会による日本プロモーショナルマーケティング学会などが挙げられる。早くから業界団体によって設立された学会として、日本フードサービス協会による日本フードサービス学会が挙げられるが、この学会には比較的多くのマーケティング学者が関わっている。

第III部

日本ビジネスの展望

第Ⅲ部では、研究者として日本ビジネスについて将来を展望しつつ、そこでの課題とこれへの対処に関して、実務的な見解を述べていく。こうした考察のベースになった我々の想い(価値観)は、ビジネスに係わる人々が、組織や社会との折り合いをつけつつも、自己の知識や経験を仕事に活かさねばならない、という点にある。より立ち入って表現すると、ここでは、個々人が社会やビジネスにおいて、それぞれの欲望をできる限り多く達成できるように努力してほしい、また、企業の側も、構成員の多様な欲望を戦略的に統合しつつ、成果の極大化を実現してほしい、という願いが含意されている。

第6章

変曲点の時代

1 人口減少社会とグローバル化

世の中は、ますます多様な変化が見込まれる時代に入っている。

さて、時系列の変化には二つのタイプがある。一つは趨勢型変化であり、もう一つは変曲点型変化である。前者は従来の延長としての変化であり、後者は、従来の趨勢とは全く異なる方向への変化である。ここでは、後者の変化を取り上げ、特に三つの変曲点に着目しつつ、将来を展望してみる。なお、変曲点とは数学で使われる用語であり、従来の曲線の趨勢がガラッと変わる点を指している。この概念を借用して、ここでいう「変曲点の時代」とは、これからは従来とは全く異なる様相を生み出す時期にある、ということを表現している。

日本において、このような変曲点をもたらす環境変化の大枠として、「デジタル化」と「グローバル化」、そして「少子高齢化」の三つを想定できるであろう。以降では、各々の環境変化に係わる変曲点を抽出し、ビジネスや社会の将来に言及する。

I 個人の生活能力の拡大——新たなコミュニティからビジネス機会を得る

デジタル化が進むにつれ、日々高度化していくスマートフォン等を活用しつつ、人間が1人で用を済ませることができる範囲が急速に拡大している。たとえば、授業に出なくても、インターネット等を利用して講義内容を素早く知ることができる。店舗に行って店員に相談しなくても、スマートフォンで商品内容を知ることができ、商品は自宅に届けてもらえる。自宅の電気を消すのを忘れても、家族や知人の手を借りずに、離れたところからモバイル端末で電気を消す指令を出すことができる。外国語を話せる人が近くにいなくても、自動翻訳機を駆使して用を済ますことができる。博報堂生活総研は、こうした状態を「1人助け」と呼んでいたが、実にうまい表現だといえる。まさに、個人の生活能力が飛躍的に拡大する。

このように、個人の生活能力が拡大する今日では、「地縁&血縁」に基づくコミュニティ(町内会や家族の集まり等)が急速に減ってきている。「趣味の会」や「習い事の会」など新しいコミュニティが形成されてくる、という説もあるが、必ずしもこうしたコミュニティは、予想されたような増え方はしていない。

一方、SNS等の活用を背景としたネットコミュニティが急速に増えているが、そこには大きな問題が内包されている。それは、「賛成」「反対」「非難」など、「言いっ放し」の集積と拡散であり、「妥協点を見つける」「他者の良いところを取り入れる」「議論によって新たな見方を創造する」などといった、人間の進歩に必要な「折り合い」を生み出す状況にはなっていないという深刻な欠点を露呈している。

また、このネットコミュニティ普及へのリアクションとして、「新しいリアルコミュニティ」の形成が増えている、ということを強調する人々もいる。たとえば、若年層では語学やビジネス講習等を契機とした「キャリア向上型コミュニティ」、中年層では着付け教室や名所巡り等から派生する「文化探索型コミュニティ」、高齢層では同窓会や地域振興会等から展開される「後継育成型コミュニティ」などが挙げられているが、その多くは、主催者によるビジネスとして行われている。この点に新たなビジネス機会を見出し得る。

Ⅱ デジタル社会のビジネスにおける境界の崩壊と日本企業の課題

デジタル社会になると、特定の場所に集まらなくても、ビジネス目的を達成することが可能になる。既に、自宅や喫茶店、あるいは新幹線や飛行機の中から、パソコンで事務作業をしている。このことは、最近のコロナ禍を契機として、促進したともいえる。ただし、レストラン、駅などでのサービス業務は必要とされる場所で行なわざるを得ない。しかし、デジタル技術の発達は、こうした場所固定型業務を従来とは異なる方向に導く。

たとえば、レストランに行く前に、デジタル技術を利用して、顧客とコックとの間で料理内容のすべてを決めることができ、顧客はレストランでそれを食べればよい、という事態になるかもしれない。既に店では、個人のスマートフォンからのセルフオーダーで、ウェイターなどによる「注文取り」という業務はほとんど不必要となっている。また、ウェイターに代えて、ロボットが応対するレストランも出現している。その場合、コックと顧客の間での会話で済むようになるか、あるいは、ウェイトレスは別の機能を担うようになる。

デジタル社会は、「場所に固定されない仕事」と「場所に固定される仕事」をつくり出すと同時に、両者を関連づける方向も生み出していく。総じていうと、従来の「仕事を済ましてから生活を楽しむ」

パターンだけでなく、「生活を楽しみながら仕事をする」パターンも増えていく趨勢にあるといってもよい。

Ⅲ 日本の多様性と人的資源

日本では、少子高齢化による人口減少が進んでいる。人口が少ない国でも豊かな生活を享受できるため、人口減少は問題ではない、と主張する論者も少なくない。しかし、日本のように相応の人口を有し、これに見合う産業集積がなされている国では、人口減少をそのまま放っておくと、その減少に対する産業活動の調整が遅れるため、相対的な過剰供給等の顕在化に伴うさまざまな苦痛を招くことになる。そのため、人口減少のスピードを少しでも遅らせる調整的対応が必要となる。

かなり前に、人口と産業集積が相応の規模に達した西欧では、人口減少への調整的対応として、移民の受け入れや幼児院(未婚者の子供を預かる施設)の設置等が行なわれてきた。EUの結成も、市場拡大を目指すための、人口を多く囲い込もうとする方策の一つであり、それは、移民を含む多民族地域の空間的拡大を進めた。また、米国は移民によって人口と産業集積の拡大を図ってきたといえる。

しかし、近年、こうした欧米諸国で、グローバル化に対抗する分断主義と移民排斥運動が目立ちはじめている。ここでは詳細は省くが、西欧の歴史をみる限り、分断主義や移民排斥との相克に対峙《たいじ》しながら、グローバル化や多民族化が、多かれ少なかれ進められてきたといってよい。経済や情報の「空間を超える必然的拡大」は、グローバル化や多民族化の潮流を止めることは極めて困難だといっても過言ではないだろう。

日本でも、外国人労働者の受け入れ拡大策にみるように、移民の拡大と多民族化の動きが出てきている。したがって、日本市場も多民族化と、これに伴う多様化が進む。そして、欧米諸国と同様に、移民等の新規住民と既存住民との間でコンフリクトが生じることも多くなる。たとえば、地域需要を捉える小売店舗による販売は、特に、この点への配慮が必要となる。地元住民と移民との健全な交流を促進するところに、店舗販売の新たな市場機会が見出されるかもしれない。「闘争を超えて平和を創る流通企業が繁栄する」ことが歴史的教訓であり、これに学ぶ必要もあるということも認識すべきだ。

いまや、「人生100年時代」といわれるようになっている。これからは、少なくとも80歳までは労働年齢と捉え、高齢者といわれた年齢層も労働力と需要力の源泉として活かされていくことになる。健全なる高齢者の特徴として、確かに作業スピードは低下するが、一方で物事に丁寧に対処する、じっくりと考える、後継者の育成が上手だ、などといった長所も老人社会学等で指摘されている。こうした長所を生かせば、高齢者は優れた人的資源となっていくであろう。

Ⅳ「量的成長戦略」から「質的成熟戦略」へ——生活を見据える戦略

現在に至るまで、主要な国の政府の多くはGDPの継続的な成長を目指してきた。不景気によるGDPの落ち込みを避けるために財政出動と金融緩和が必要で、場合によっては財政赤字も有効だという為政者や有力エコノミストも多い。しかし、近年は、欧州諸国の首脳や経済学者から、こうした成長神話から脱却すべきだという見解も出され、量的成長への信奉を見直すべきだという気運も高まっている。

このようなGDP成長志向への疑問は、欧米先進国や日本のような成熟国で顕在化してきており、これら成熟国の企業経営者にあっても、かなり前から、量的成長戦略の見直しを図ろうとしてきた人々も少なくない。日本では、たとえば水野誠一氏(元西武百貨店社長)のように、バブル崩壊の前に、既に多くのブランド品が需要減少傾向にあるのを見抜き、量的成長戦略の限界を訴え、出店戦略の抑制を試みた経営者もいた。

成熟国では、従来の成長戦略に懸念を抱いている経営者が増えつつあり、彼らの多くは「量的成長戦略」から「質的成熟戦略」への転換を図ろうとしている。この「質的成熟戦略」では、次の二つの「キーとなる文脈」を見出すことができる。

・「大量生産&大量消費&大量廃棄」から「必要生産&必要消費&廃棄ゼロ」へ
・顧客への、「消費を享受する」提案から「生活を享受する」提案へ

多種類の商品を店頭に並べ、その中から一つを選んでもらう戦略は、残りのすべてが選ばれないという点で、基本的には過剰生産を促進する要因となる恐れもある。最近は、品揃えの多大さと売上額が反比例する、という結論を出す実証研究も増えている。これからは、顧客が「画像化された(バーチャルな)品揃え」を前もって(暇をみて)見ておき、購買時点では、比較的少数の品揃えでも味見や試着等をして注文できる、などといったことも増え、そのためのデジタルアプリケーションの開発も進んでいる。ま

た、同じ商品でも、料理や着こなしによって独自の効果を創造できるという提案と、これに必要なサービスの展開も効果的かもしれない。さらには、災害に対処するため、また、無駄な購買を防ぐために、家庭内在庫の確保と簡便な調理法の習得に関する提案とサービスの開発なども社会的に要請されている（たとえば、ＣＧＣグループはこうした社会的要請に応えようとしている）。総じて、モノを超えた生活そのものを見据えた戦略の展開が中核となっている。

Ⅴ　ネットワーク経営と結合利益の創造

企業には、質的な需要創造が要請されるが、それは「自社の強み」と「自社に不足している関連資源」とを効率的に結びつける、新しい多角化戦略として捉えることができる。言い換えれば、自社の資源だけでは有効な多角化が困難なため、複数の企業の資源を結びつけるネットワーク経営が有効となる。質的成熟戦略では、量的成長戦略で通用した専業利益ではなく、ネットワーク化による結合利益の創出が求められる。たとえば、大手家電量販店と地域の独立自営業者とをネットワークで繋ぎ、きめ細かく地域需要を捉えようとするコスモスベリーズなどが注目されている。

これからの企業が質的な需要創造をしていくためには、地域資源の発掘も必要とされる。過疎化が進む傍ら、インバウンド客の吸引の場として、また、新事業展開の場として地方が見直されてきている。たとえば、地元の農業を取り込んだ地域ブランドの開発も有効となる。技術と地域の結合の例としては、カゴメが、山梨県の北杜市の日照時間の長さ等に着目して、そこをトマトの新種開発の基地としている。

Ⅵ　グローバル化の意義――ネット通販の非境界化と小売市場の変化

グローバル化は、デジタル化と共進しつつ時代を変えていく。次に、それと関連して、たとえば従来、小売のグローバル化は出店のそれを指していたが、今は、国内で営業している小売もグローバル市場に晒《さら》される、という市場のグローバル化が進む。もう一つ、いつの時代でもグローバル化にはある種の理念を伴っていたが、現在、かなり意識化された理念がグローバル化をリードしている。この理念こそSDGs(Sustainable Development Goals：持続可能な発展目標)だといえる。

デジタル化を基盤としたネット通販の急激な成長は、国内市場とグローバル市場の垣根を取り払っている。周知の通り、ビジネスにおける国境はなくなる方向に動いている。新たな局面として、小売市場のグローバル化が確実に進んでいく。既に、越境型ネット通販による注文、つまり、インターネットを通じて中国等から日本への注文が常態化している商品もある。こうした越境取引は、関税や消費税を的確に徴収できないという問題もあって、これに反対あるいは規制する動きもある。しかし、経済法則やデジタル化を考慮するならば、そうした反対や規制に対処しつつ、小売市場のグローバル化は間違いなく進んでいく。

その背景には、前にも触れたが、ネット通販の拡大による、買物における場所自在性の顕著な進展が大きく作用している。ネット通販は、店舗販売に見られるような、買物行動の場所限定性を乗り越えるところにビジネス機会を求めようとしている。ネット通販が場所自在性を志向する限り、小売市場もグローバル化せざるを得ず、これがネット通販の差別優位の源泉の一つとなる。出店でグローバル化を図ってきたウォルマートやテスコなどは、戦略の見直しを迫られている。彼らは既に、ネット通販を併用するオムニチャネル化を進めているが、ネット通販で成長してきたアマゾンと比べ、明らかに競争力は減退している。

アマゾンは、ロジスティクスと宅配の機能強化を図りつつ、ネット通販を基軸としたグローバル化を進めているだけでなく、これと店舗展開を連動させた戦略を各国で実践している。日本の多くの有力メーカー等は、グローバル化を意識して、既に海外の有望地域に工場や営業拠点を展開してきたが、最近では、現地の既存チャネルと、ネット通販によるグローバルチャネルとの相乗効果を狙っている。それによって、グローバルに到達する広告露出や、特定層を狙ったプレミアム商品の世界的浸透を見込んでいる。インバウンド観光客の顕著な増加とともに、日本の伝統技術が注目されているが、これに乗じて老舗企業も、ネット通販を活用した販路のグローバル化を図りつつある。

Ⅶ ネットワーク経営とグローバル戦略

近年、参加企業が経営の自律性を保ちつつ、多数をネットワーク化する動きが出ているが、こうした形でグローバル戦略を展開する企業も増えている。これは、既に大規模な技術系企業によるオープンイノベーションとして推進されてきているが、最近は新たな動きも目立つ。たとえば、龍角散は、自社の他に、太田胃散、養命酒製造などと組んでネットワークを構築しつつ、生薬の品揃えを創り出し、タイ等への進出で成功している。

グローバル化が進むと、競争優位者と競争劣位者との二極分化を創り出していく。この時、多くの場合、競争劣位者に迎合する政治勢力が台頭し、保護関税や移民排斥などを標榜した閉鎖主義によってグローバル化を抑えようとする。米国は相対的に開放的ではあるが、ドナルド・トランプ前政権では、閉鎖的な性格を色濃く持っていた。また、英国のBrexit(欧州連合離脱)への動きは、まさに閉鎖主義政治勢力の台頭によるところが大きかったといってよい。

しかし、世界史の経験的法則によると、グローバル主義と閉鎖主義との相克・対立はあるものの、長期的には前者が後者を凌《しの》いでいく、という動きも認められる。医薬品・自動車・重電機などで既に多国籍化している企業が多いが、彼らは、閉鎖主義が台頭しても、グローバル主義がこれを制していくことを常に信じつつ、さまざまな策を講じてきたといえる。

Ⅷ グローバル主義と時代理念

各々の時代のグローバル主義の展開には、ある種の理念を識別することができる。たとえば、古代には「パックスロマーナ:ローマによる平和の達成」、大航海時代から近世にかけて「富国に繋がる植民地」、第一次大戦後には国際連盟による「戦闘力の調整」、第二次大戦後には「平和に向けての統制」という理念が作用してきたといえる。

これからのグローバル化は、従来にも増して、難民と飢餓と貧困、そして人種差別、地球環境の悪化への対応など、さまざまな課題を生み出しつつ展開されていく。これからは世界全体でこうした課題に取り組むことが、閉鎖主義を乗り越えていく契機となる。そのためには、新たな理念の共有が必要とされる。それが、ＳＤＧｓである。そこには多くの目標が掲げられているが、私流に表現すると「貧困と飢餓の撲滅」「健康と福祉の増進」「差別の撤廃」「地球環境の保全」「災害対策等の強化」「まちづくりと地域活性化」といった信条が注目される。

企業がグローバル化に適応していくためには、ＳＤＧｓの理念をその経営戦略に取り込んでいくことが必須となっていく。アフリカで、アマゾンは食糧難等に対処するシステムを開発し、三井ケミカルはマラリアに効く薬品を開発・提供している。国内の流通業に目を向けると、セイコーマートは僻地にも出店して地域の活性化に資している。また、コスモスベリーズは、住宅等に使われる資源の無駄使いを避けるため、修理の需要拡大を図っている。

第7章

マーケティング革新

1 顧客を引きつけるビジネスとは？

Ⅰ ビジネスの目的——「顧客づくり」で儲ける

売買が生じはじめて間もない昔は、顧客は単なる買い手としか認識されておらず、儲けを得るための対象と見なされていたようである。

しかし、現在では、経済が成長・成熟するにつれて、特にマーケティング思想が普及するにつれて、ビジネスでの顧客の重要性が増し、たとえば卓越した経営学者であるP・ドラッカーは、「ビジネスの真の目的は『利益づくり』ではなく『顧客づくり』にあり、『利益づくり』は企業存続のための手段でしかない」と主張している。この主張は多くの関係者が認めたいところであろうが、慎重に理解すべきだと考える。

第Ⅰ部と第Ⅱ部で示唆したように、「利益づくり」は、金欲の達成を組織的行動で実現するビジネスそのものであって、我々は、「利益づくり」に結びつく「顧客づくり」を選択・創造するところにビジネスの本質を求めるべきである、と考える。

Ⅱ　カスタマーサティスファクションからカスタマーサクセスへ

前述の顧客対応の基本方向として、カスタマーサティスファクション(Customer Satisfaction：顧客満足)という概念が創出され、企業は、顧客が抱いている期待(当該財から得ようとしている効用)を満たすように最大の努力をすべきだという思想が、現代マーケティングの中核を占めるようになった。しかし、最近、欧米の有力コンサルタント企業などから、カスタマーサティスファクションは一時的な顧客満足に繋がるに過ぎず、企業は、より長期的な顧客の成功に協力するためには、カスタマーサクセス(Customer Success：顧客成功)という思想に立つべきだという主張が出てきている。つまり、顧客から利益を提供してもらうためには、より長期的な対応が必要だ、ということであろう。これに関して、我々は、どんな具体的対応をすべきか?

本書では、この問いに答える努力をしたいが、まず、重要な確認をしておきたい。それは、顧客は「お客様は神様です」と崇めるべきではなく、また「おもてなしの対象」でもない、という点である。ホテルや飲食店で強調されるホスピタリティ(Hospitality)を「おもてなし」と考える向きもあるが、それは間違いで、売り手と買い手との対等の関係を基礎とした、協働関係の創造と見なすのが正しい。そこで、以降では、このホスピタリティの概念に依拠して、顧客を「売り手と協働して成果を導き出す人格」、すなわち協働者として捉えることにする。

Ⅲ　ビジネスは情緒だけでは続かない

前述のような協働関係には、もちろん、「好き」「嫌い」に代表される情緒が大きく作用する。広告等で、多かれ少なかれ情緒を訴求するのが常態化していること、店員が顧客に好かれるように明るく気遣いを見せること、これらは、まさにリレーションシップ（関係性）に情緒が大きく効いてくることを物語っている。しかし、少なくともビジネスにおいては、情緒の訴求だけでは長期的な協働関係を維持することは難しく、そこでは合理の訴求が要請される。言い換えれば、合理的訴求を基礎としつつ、これに情緒的訴求を繋げていくことになる。もちろん、合理的訴求だけでは良好な協働関係の創造は困難であるが、それは、協働関係を創り出すための必要条件となる。この合理的訴求を具体化したのが、次に述べる「情報格差の訴求」である。

Ⅳ　情報格差の創造と訴求

企業が顧客を引きつける基本条件は、ある特定の分野で、顧客にはない情報を企業が創造し、これを顧客に訴求していくことである。この「情報格差の訴求」こそが、顧客が企業に依存する根拠となる。そして、これは競争相手に対する差別化戦略ともなる。たとえば、地域ＳＭ（Super Market：スーパーマーケット）連合体の本部たるＣＧＣジャパンは、核家族化と有職主婦化が進む中、顧客に対する情報格差として、また、でき合いの弁当を販売しているCVSチェーンに対する差別化として、家庭内で顧客が弁当を作る方法を提供しつつ、これを顧客に訴求することによって、相応の成功を収めている。また、富士フイルムは、かつては写真フィルム技術で情報格差を訴求していたが、この効果がデジタルカメラの普及によって喪失してしまった現在、その技術を医療診断システムに転用することによって、新たな情報格差の創造・訴求に成功している。

この富士フイルムの例のように、情報格差は環境の変化によって消滅していく。それだけではない。実は、マーケティングは、企業が創造した情報格差を顧客に移転することでもあり、これが顧客の情報を増やしていくため、企業による顧客に対する情報格差は縮小し、究極的には消滅に向かっていく。それゆえ、企業には、しかるべき分野で常に情報を蓄積し、顧客に対する一定以上の情報格差を維持していく。これは固定客化の必要条件でもあり、何百年も続く老舗はこの方法で成功してきたといえる。また、それが環境変化等で不可能になったときは、直ちに新たな分野で情報格差を創り出すことが必須となる。これは、いわゆる企業革新と呼ばれる事象は、ここでいう新たな情報格差の創出を指す。以上から、情報格差の創造こそが企業の命だといっても過言ではない。

V 情報格差を多く身につける

ここで、情報格差には二つのタイプがあることを強調しておく。一つは長期的観点から「どんな情報格差を訴求すべきか」を決め、これを全社員に徹底していくような情報格差である。CGCジャパンや富士フイルムのような、いままで述べてきた例は、この種の長期的な情報格差の訴求である。もう一つは、現場での短期的かつ瞬間的な情報格差の創造・訴求であり、これは、まさに現場の人的能力そのものと大きく関わってくる。次では、これについて事例で論じてみよう[1]。

ある百貨店で、テナントA店とテナントB店とは、ともに日本菓子の有名店で、互いに競争相手として意識し合っていた。ところが、時が経つにつれて、客足はB店よりもA店に向かうようになった。それは、何故か？ B店に客が多く集まっていたとき、B店の店員全員が、注文を客から取る際、「次のお客は誰ですか」とか「お客様の順番の方が先ですね」といって、順番を客に聞くのが常であった。たとえば、ある客が「そうです、私です」というと、他の客は戸惑ってしまう(当人は自分が先だと思っていたのかもしれない)。これに対して、A店では、すべての店員がお客の順番を把握し、客に尋ねることなく注文を取っていた。客の多数は、B店よりもA店に同調するであろう。その場で客待ちの順番を直ちに情報として把握し、これを顧客対応に活かす、これが現場での情報格差の訴求の一つである。こうした情報格差を、できる限り多く身につけることが現場力として機能していく。

2 「革新を阻む」慣性からの決別

Ⅰ 企業の存続を促す主要因――「洗練の慣性」

当然ではあるが、世の中は常に変化しており、個人であれ組織であれ、この変化に適応できなければ生存は困難となる。そうした変化に適応するための方略として、少なくとも革新と洗練の二つを見出すことができる。革新は、環境の変化に合うように自己と周辺を有意に変えていくこと、洗練は、自己を大きく変えずに、蓄積した技術や方法をさらに向上させつつ、変化する環境から「利を引き出す」ことを指す。

私は、「革新」という時、それを学生時代に学んだ「創造的破壊」(経済学者シュンペーターが提唱した論理)という概念と結びつけて認識している。すなわち、革新とは、環境の変化に合わせて従来の在り方を否定(過去を破壊)しつつ、他方で、新たな方策を開発する(創造する)ことを意味する。過去を破壊し、かつ、従来にないものを創造することは、精神的にも物理的にも相応の困難さを伴う。

かといって、洗練に熟達することも容易とはいえないが、そこには累積経験(過去のノウハウや技術の蓄積)が大きく作用し、これが人や組織における優位性の構築を促していく。過去に築いた優位性は、経験を積み重ねることによって、さらに洗練され、環境が変化しても、当該市場が世の中に残存している限り、人や組織は、そこに競争で勝つ機会を見出し得る。こうした残存力を「洗練の慣性」と呼ぶことができるが、この慣性は企業の存続を促す主要因の一つだといえる。

Ⅱ マーケティングの本質的課題

私は近年、革新に挑戦し、これに成功したら直ちに洗練に注力すること、言い換えれば、「革新への挑戦」を「洗練の慣性」に繋げることが、ビジネスの長期展開に成功する要諦だと思うようになった。そして、この「繋ぎ」の方法論の体系化を図ることが、マーケティング研究の本質的課題に迫ることにも大きく貢献することになるのではないか、という確信も強めている。たとえば、「革新への挑戦」に関する方法論は、新市場の創造(需要創造)の基礎理論となり、「洗練の慣性」に関するそれは、競争戦略の理論化に貢献していくであろう。

これに関連して、梅澤伸嘉氏のＭＩＰ(Market Initiated Product：市場創造型商品)に関する理論を高く評価している。梅澤氏は、新市場を創造した商品(ＭＩＰ)は、当該市場(創造した新市場)に於いても高いシェアを保持(圧倒的な競争優位を確保)できることを験証している。すなわち、「革新への挑戦」で成功した商品は「洗練の慣性」でも優位に立ち、当該市場でロングセラー化することが明らかにされたといえよう。

Ⅲ「洗練の罠」と日本企業

かつて日本企業がジャパン・アズ・ナンバーワンと世界から賞賛されたのは、「洗練の慣性」で優れていたからであろう。その後、一部を除き日本ビジネスは、かつてのような賞賛を浴びることは少なくなった。それは、洗練に依存し過ぎたからであろう。環境の変化が顕著になればなるほど、洗練に注力する企業は、変化から遠のき、狭隘《きょうあい》化する市場セグメント内でのパイの奪い合いによって、疲弊していく恐れも大きい。いわば「洗練の罠」に陥り、衰退に向かう確率が知らぬ間に高くなっていく。

実は、「革新を洗練に繋げる」ことがビジネスにおいて、競争優位の持続を手に入れる必要条件となる。洗練に長けていても、それが企業成長に効くのは、当該市場の変化がない場合、あるいは、変化してもその影響が小さい期間に限られる。変化後、しばらくの間は、従来のセグメントが残存しているため、過去に得た洗練力の強化で何とか凌ぐことができるかもしれない。しかし、当該セグメントが極小化に向かうにつれ、企業は、「洗練の罠」に陥る方向に進んでいく。

何よりもまず、革新が洗練を有利に享受できる機会を創り出す、ということを知るべきであろう。言い換えれば、ある市場の下で「洗練の慣性」を有利に享受できるためには、当該市場を生み出した革新の主体になっていることが必要となる。その意味で、「革新は洗練の母である」といえよう。

Ⅳ 革新力育成の要請

日本ビジネスが、ジャパン・アズ・ナンバーワンからランク落ちしたのは、グローバルレベルでの環境の変化（特に今でいうＤＸ化に向かう変化）に対して、日本企業が革新の主体になり得なかったからであろう。その後もグローバル化が急速に進み、世界は「ＡＩによる無人化」「国際政治の多極化」「人種・ジェンダー等の差別撤廃」など大きく変わりつつある。ここでは、日本ビジネスを革新していく戦略の構築が求められ、何よりもまず、革新力に富む、かつ、多様な人材の育成が必須となる。

革新力は創造力を背景としている。「新たに何かをつくり出す」という意味では革新力は創造力そのものだといえる。ただし、私は、革新力は創造力に比べ、より実践的な性格を備えていなければならないと考える。前者は、後者を過去の制度変革（公式的な戦略の変更や組織の在り方の改革など）に結びつけねばならず、物理的にも精神的にも大きな負担が強いられる。創造力の育成について、我々は、アリエティ（『創造力』新曜社）の理論に基づき、自律（例：現場に権限を与え、独自の問題解決法を身につける）と協働（例：各々の現場間の交流を活発化しつつ、より普遍的な思考を展開する）の連動が必須となるということを、常々、主張してきている。革新力は、この創造力を具体化しつつ、過去とは異なる未来志向型の制度に転化していかねばならない。

Ⅴ 革新力を高める思想

革新の方略については、個々の企業の特性と直面する環境によって違いがあるが、あらゆる組織に共通する革新力強化の基盤は、構成員が自由に考え、多様な欲望を持ち、かつ、多くを発言できる民主主義を浸透させ、さらに、経営者が合理的な思考能力と強い決断力を持つようにすべきだ、という思想の内実化にある。時として日本企業は、危機に直面すると、伝統や経営理念で組織の統合を図ろうとするが、これに大きく依存することは、環境変化に対する脆弱性を露呈してしまうであろう。企業の存続とその意義は、環境変化への適合にあり、そこでは、革新をないがしろにする、伝統や経営理念への過度な依存を回避していく必要がある。伝統や経営理念の強調は、「革新への挑戦」よりも「洗練の高度化」を過度に推進していく恐れを孕んでいる。

1 情報格差という用語の持つ深みについては、この用語をかなり前から使用している和田允夫慶應義塾大学名誉教授からヒントを得ている。

第8章

実力主義の実践

1 革新的起業家の資質

Ⅰ 革新的起業家とは

業界やその主流が大きく変わる事態は、ビジネス革命として位置づけられるが、そのほとんどは、新進の起業家群によって担われる。私は、その彼らを革新的起業家と呼んでいる。たとえば、1980年代半ば頃から、インターネットとパソコンを活かしたビジネスが台頭し、GAFAMのような企業群が出現し、関連する業界を大きく変えてきた。こうしたビジネス革命を主導してきたのが、私がいう革新的起業家である。以下では、こうしたビジネス革命の一例として外食業界の変革を取り上げ、そこで躍動した5人の革新的起業家について、分析を試みた結果の一部を紹介する。

Ⅱ 外食革命の駆動

日本の外食業界は、1960年代後半~1970年代前半に、その主流が生業的料飲店から外食チェーンに取って代わられる、という事態に直面した。この外食革命を駆動したのは、既存の外食経営者というよりも、むしろ新たに台頭してきた一群の革新的起業家であった。彼らは、セントラルキッチンを活かしたSCM（サプライチェーンマネジメント）を武器として、効率的な多店舗展開を行ない、業界の主導権を握ってきた。

我々は、その外食革命を駆動した革新的起業家から5名を抽出して、既存資料および本人や関係者へのインタビューによって、彼らの創業に至るまでの経緯、マネジメントの特徴を綿密に調べ、彼らに共通する行動・戦略・思想・能力などについて把握した[1]。なお、これをさらに学術化して日本フードサービス学会年報にも投稿した。次にその概要を記してみよう。

Ⅲ　研究対象とした人物にみる共通点

まず、外食革命を駆動した革新的起業家5名の人物を簡単に紹介しておく。

・江頭匡一【日本初のファミリーレストランを展開した「ロイヤル」の創業者】
・横川　竟【日本最大の外食チェーンとして有名な「すかいらーく」の創始者（横川4兄弟）の1人（3男）】
・小嶋淳司【チェーンオペレーションを和食に取り入れた先駆的企業たる「がんこ」の創業者】
・田沼文蔵【近代的給食事業の嚆矢《こうし》ともいうべき「グリーンハウス」の創始者】
・松田瑞穂【牛丼チェーンという業態を開発した「吉野家」の創業者】

この5人の創業までの行動と、その後のマネジメント戦略には、各々の強烈な個性が反映されており、まさに革新的起業は当人の個性から生まれる、ということを改めて実感した。しかし、より深く読み取るならば、彼らには、次のような四つの共通点を見出すこともできた。

①時間を惜しんで働いてきたこと
②正しい経済計算をすべく努力してきたこと
③従業員の育成に熱心で、彼らからの信頼を得てきたこと
④自社を越えて業界のために貢献してきたこと

この①と②は、「時間を無駄にせず働き、かつ、儲ける時機を逃さない」という意味で、「勤勉⇓時間を無駄にせずスピーディに成果を出すこと」と解釈できる。③と④は、「他者から信頼を得る効果を享受できる」という意味で、「信用⇓他者の協力を得て有利な立場をつくること」と見なしうる。端的にいうと、外食革命を駆動した革新的起業家は、「勤勉と信用」を標榜しつつ、これを一つの基盤として台頭してきたといえる。

Ⅳ 古典的な論証

「勤勉と信用」は、社会学および経済学の古典的巨星ともいうべきM・ヴェーバーが、100年前に、近代資本主義を駆動した内面的精神として指摘した概念そのものである[2]。ヴェーバーは、「勤勉と信

用」を、起業家だけでなく、資本主義社会に活躍する人々すべてに共通する精神として捉えたようであるが、おそらく「勤勉と革新」は、革新的起業家に最も必要な基盤的精神である、と捉えた方が、その本質により肉薄しているように思える。それは、「勤勉と信用」は、言うは易いが、この実現が極めて難しく、一部の努力家だけしか獲得できないからだ。

前出の5名の思考や行動についてさらに深掘りしていくと、彼らは、従業員や取引先等の関係者を説得し、かつ、意図する方向に導いていく能力に優れていることが判明した。この能力を、組織動員力と呼ぶことができる。我々の研究対象たる5名の革新的起業家は、この組織動員力を駆使することによって、会社の創業とマネジメントに成功したといえる。ここで重要なことは、組織動員力は、関係者の同意が必要で、この同意を得るためには、起業家の「勤勉と信用」が相応の効力を持つ、という点である。

Ⅴ 近年の論証

経営学者として、特に近年、評価が高いクリステンセンを含む研究グループは、成功する革新的起業家において、「他者への問いかけ」、「現象の観察」とそれによる「験証」、「他者の知恵を借りるネットワーク」という四つの能力に長けているということを論証した。この四つの能力は、すべて組織動員力を構成していることがわかる。また、私が尊敬するコンサルタント渡辺和彦氏は、ビジネスには、知識能力(理論や経験則の学習量)、スキル能力(知識を活かす応用力)、態度能力(関係者を方向づける説得力)の三つを挙げ、このうち態度能力が事業の成功に最も効くことを明らかにしている[3]。ここでいう態度能力も組織動員力に繋がることは明白である。

以上から、革新的ビジネスの展開には、組織動員力が大きく作用すること、この組織動員力の基盤となるのが「勤勉と信用」であるということが験証できたであろう。

Ⅵ 旧態依然への警鐘

ここで、この「勤勉と信用」は、「時間を惜しんで働く」という刻苦精励から生み出されるということも確認しておくことが重要である。言い換えれば、新たな機会に挑戦する組織の革新を履行していく人材は、実は、目から鼻に抜けるような聡明さを誇る人物ではなく、刻苦精励を厭《いと》わない人物から輩出されるのである。

読者は思い当たらないであろうか？　パフォーマンスで生き抜こうとする人間、要領と忖度《そんたく》とで出世しようとする人間、学歴に安住して威張っている人間……まだ、こうした人間が権限を振るっている組織があること。また、このような組織では、旧態依然の思想が蔓延し、革新の兆しが全くみられないことを――。私が知る限り、「顧客の創造」を組織の唯一の目的としつつ、「資本主義の精神」を内在化した組織とこれに係わる人間のみが、変革の時代の担い手となり、国民経済の繁栄に大きく貢献することになる。

2 「同調への相乗り」と組織の崩壊

Ⅰ 「討論と験証」の重要性

かなり前から、組織の戦略の策定に多くの構成員を参加させることのメリットが指摘されてきたが、こうした参加において、「我が社はどうすべきか」を議論するとき、いろいろな見解が提起されることが多い。その場合、どのように結論を導き出すのか？　かつて私がインタビューした米国のある企業では、多数のしかるべき従業員が、さまざまな見解に基づいて積極的に議論をしつつ、多様な仮説を立て、それらをデータによって「実際はどうなのか？」を、必ず験証するプロセスを導入するという。その結果、社内で初めに提起された見解のほとんどは棄却され、改めて収集したデータから「我が社の方向」を推察せざるを得ないことが多いという。こうした実証を基盤とする討論参加型決定は、構成員の意見の統合を導き、このことが組織のパワーとなっていく。

Ⅱ 社長は戦略を乗せていく牽引車

ところで、前述の企業で、経営幹部、たとえば社長はどんな役割を担うのか？「議論⇓験証」で戦略が決まるとしたら、組織の権力機構はどう作用するのか？　特に、社長の役割はどこにあるのか？　私の質問に対して、当該企業の社長は次のように比喩的に応えてくれた。

「権力機構は、決められた方角にむけて戦略を運んでいくトラックで、一つの戦略からさまざまなトラックが必要となります。なかには途中で止まってしまうトラックが少なからず出てきます。社長の車がこうしたトラックを何台か連ねて目的地に牽引していきます。要するに社長は、戦略を乗せていく牽引車なのです」。

この企業は、今でいうＤＸサービスを開発・販売しているが、海外では同様な企業、すなわち戦略策定に多くの構成員が参加する仕組みを持つ企業が増えつつある。ここでは、経営戦略は多くのしかるべき構成員や関係者による提案・討議・験証で決め、それに基づいて組織を動かすのが権力機構であり、それが社長や経営幹部の主たる役割となる。このような企業では、多くの構成員が企業の方向づけに携わるため、企業と構成員との精神的かつ知的な絆が新たに生み出され、その意味で組織の活性化が図られ、同時に、験証を必須化することによって戦略の成功確率は高まっていく。

Ⅲ　日本の企業に多い同調志向

一方、日本企業では、私がみる限り、これまで述べてきたような企業は少なく、戦略の決定に多くの構成員が討議に参加するのではなく、社長を含む少数の経営幹部によって戦略が構築され、構成員はこれに従う、というよりも同調するケースが極めて多い。しかも、単なる同調というよりも賛同であって、戦略案が提示されると、「方向を示してくださったので、実現に向けて皆で頑張ろう」という「同調への相乗り」が組織を駆動していく。こうした賛同への動きをみて、経営陣は「組織の一体化」を誇らしく感じる。

このような企業の経営陣は、自分たちがつくった戦略の譜面にそって、権力機構に依拠しつつ、構成員に決められた行動を促す指揮者にたとえられる。自分の指揮通りに動く構成員を高く評価し、そうではない構成員を低く評価しようとする。多くの構成員は、社長や幹部などがどんな譜面を使うかを、できる限り早く探り出そうとし、社長や幹部などに取り入ることに精力を費やそうとする。このことが組織内での同調志向をさらに強めていく。

「同調への相乗り」が組織文化として根づいている企業は、経営幹部によって策定された戦略案が、議論と験証を経ることなく、組織の進むべき方向として決定される。ある意味で、案件の即決を享受することが可能となり、一見、組織は機敏に動いているように見えるが、それが組織的停滞にはまってしまうことも多い。その理由は、議論と験証に欠けるので、構成員と企業との精神的絆を新たに生み出すことができない。また、それゆえに革新的戦略とその成功を見出すことができないため、過去の延長を微調整するだけの組織に止まってしまうからである。ここでは即決が組織の停滞に繋がる。

Ⅳ　戦略策定と実現努力の下で展開すべき「組織の統合」

ここで少し話を変えよう。「良き戦略は、良き組織文化から生まれる」という命題は、決して間違ってはいない。しかし、たとえばいきなり「我が社は、○○という社会貢献をするために、従業員は△△という行動をする」というような組織文化を形成しようとしても、そこから直ちに良き戦略は生まれてこない。むしろ、「良き戦略をつくり、それに基づいて行動することによって、良き組織文化が生まれ、その文化が次の良き戦略を生む基盤となる」という言明のほうが正しい。こうした言明は、経営史学者A・チャンドラーの「戦略が組織を規定する」という命題にも相通じている。

組織では、構成員が勝手に行動するのではなく、同一目的の実現に向けて、さまざまな行動が統率されるべく各々の役割が決められる。これを組織の統合と呼ぶが、それは、戦略策定とその実現努力の下で展開されなければならない。組織の一体化を図るために、「わが社の伝統と誇り」や「わが社が目指すべき社会貢献」などという精神的な教訓や経営理念の浸透を先行させることに重きを置く企業も少なくないが、私の研究調査からみる限り、それは、せいぜい構成員間の同調志向を促すだけで、組織を効果的に統合する革新的戦略は生み出されがたい。すなわち、戦略なき組織の効果的統合はあり得ず、単なる精神的一体化は、構成員の「同調への相乗り」を促すだけである。

V 同調と崩壊

構成員の「同調への相乗り」が大きく進むと、当該組織は間違いなく崩壊に向かっていく。まず、同調に消極的な構成員は出世街道から脱落し、次に、同調に積極的な構成員が権力機構の上位に昇進していく。もちろん、企業が環境適応していくためには、革新的戦略がタイミングよく創出されなければならないが、「同調への相乗り」からは、これがほとんど不可能となる。革新的命題は、現状破壊的であるため、各々の構成員が直面する現実を大きく変えることになり、彼らは、今までの自分と企業との絆を再構築せざるを得なくなる。そこに、白熱した議論と新たな結論の導出が自然発生的に要請されることになる。「同調への相乗り」は、白熱した議論を回避するため、環境の変化に対して柔軟な戦略案が生み出されがたくなる。そして、組織は環境の変化が著しくなるにつれ、崩壊に向かっていく。

3 組織と戦略は権力で決まる

I 権力機構としての組織

権力の概念や機能については、多くの研究者によってさまざまな見解が出されているが、権力を組織の必要悪として考える向きもある。しかし、本書では、権力を組織形成の必須条件として捉える。組織がそれとして識別されるのは、組織固有の行動、言い換えれば、構成員の多くが同意していると見なせる行動(もちろん同意しない人々もいるが、それは、ある期間において、そうした非同意を同意に変える影響力を組織が発揮し得ていない、という状況を想定できる)を展開できるパワーを行使し得るからである。組織を動かすこうしたパワーを、ここでは権力と呼ぶことにしたい。ということは、組織そのものは一つの権力機構として見なすことになる。

つまり、組織とは、統合的な行動を展開できる人間集団として概念化でき、そこでの行動は、構成員の個々の行為を統率するパワー、すなわち権力を発動することによって、その展開が可能となる。組織は、そうした権力機構(権力の内容とその強弱を位置づける仕組み)であるがゆえに、個々人では実現がほとんど困難な成果(組織成果)を生み出すことができるのである。つまり、別の地平からみると、人間には、多かれ少なかれ組織化された集団行動が求められるため、あらゆる人々は、必然的に権力の形成と係わらざるを得なくなる、ということになる。

Ⅱ 戦略は権力から生まれる

組織による行動を方向づけるのが戦略であり、その策定と実行は権力機構を介してなされる。したがって、戦略は権力から生まれ、権力によって実現される。さらに確認すべきことは、特定の戦略に基づいて展開される組織行動は、それが多様な要素から構成される体系であるため、多くの分業が統合された行動として展開されねばならない、ということである。組織は、こうした分業活動を実行かつ統合する主体であり、どんな分業をどう統合していくかは戦略内容と関連づけて決められる。この決定も権力機構に委ねられている。ここで、組織行動のほとんどは権力機構によってなされ、かつ、その戦略的方向が決まる、ということを強調しておく。

Ⅲ 戦略能力と権力機構

ところで、組織には、地域コミュニティ・学校・企業などから国家・国際機構などに至るまで、さまざまな態様が存在し得るが、本書ではビジネス組織に焦点を当てている。以降では、組織という場合は企業を、戦略という場合は経営戦略を、それぞれ想定していただきたい。組織は生存し続けることにその意義がある。それだけでなく、とりわけビジネス組織においては、単なる存続ではなく、成果が拡大していくこと、すなわち成長することが要請される。このことは、組織がさまざまな環境とその変化に適応する場を見出し、しかも、そこで競争優位を実現していかねばならない、ということを意味する。

このことから、組織の成長には、環境適応と競争優位の二つを達成できるための戦略能力が必要となる。この戦略能力の優劣は、当該組織の権力機構の優劣でほとんど決まってしまう。こうした権力機構を分析する場合、構造的接近(例：集権型か分権型か？　ピラミッド型かフラット型か？)と人材的接近(例：どんな人材にどんな権限を与えるべきか？)という二つの方法があるが、学術的には圧倒的に構造的接近が重んじられる。たとえば「集権型は経営の決定と実行は速いが、柔軟性に欠ける」「環境の不確実性(多様性と変化速度)が高くなるにつれ分権型が有効になる」などという分析結果が今でも学会で相応に評価されている。しかし、私は多くの企業事例をみる限り、人材的接近がはるかに有効かつ実践的だと判断している。次では、こうした判断のいくつかを紹介する。

Ⅳ 行使される者からの容認と権力者からの愛との交流

企業の成長のほとんどは、権力者（経営幹部）の能力、具体的には彼らの判断力、専門知識、実行力の三つで決まる。この三つは、特に集権型に顕著にみられる、といわれている。だが私は、分権型であっても、これらの能力は企業成長には欠かせない社長の資質だと考えている。大企業になるにつれ、往々にして、経営幹部の能力が重視されない傾向も窺えるが、それは当該企業の成長力が停滞過程に入ったからだと判断してよい。前述のような権力者の能力は、戦略の策定・実行だけでなく、人事面でも発揮され、優れた人材を見抜き、これを適所に配置することにも長けていなければならない。

権力の行使には、行使される者からの容認（政治学者ラスキの言明）が必須となるが、もう一つ、権力の行使者（権力者）からそれが行使される者（従事者）への愛も必要となる。ここでいう愛とは、より具体的には「上司が部下の成長を期待し、その実現を喜ぶ」（師から弟子への愛、親から子への愛に近い）ことを指す。このような「下からの容認」と「上からの愛」の交流は組織の活性化を促し、企業革新の基盤となる。こうした「容認と愛の交流」は制度化（ルール化）でつくられるものではなく、創業時から価値観として醸成かつ内生化されるものなのかもしれない。興味深いことに、「容認と愛」の交流は、一度醸成されると、大企業になっても消えてしまう確率は極めて低い。

V 実力主義の導入

私は、最近になって、「容認と愛」の交流は「実力主義の実践」を伴っていることに気づいた。「昇進には、忖度と追従はほとんど効かず、それが実力で評価される」という組織文化が根づいている企業ほど活性化しており、上司と部下との協働と、その成果を高めることができる、ということを見出している。

企業が実力主義を導入すると、当初は、従業員のほとんどは必ずしも実力主義を尊重しているわけでなく、むしろ、これに恐れを抱くことが多い。企業が、実力主義を貫こうとすると退職する人も多くなる、という配慮も散見される。しかし、これを恐れずに実力主義を続けること、そのために中途採用も辞さない、という覚悟を貫くことが企業の方向を明確にし、それが企業成長の原動力になっていく効果もある。もちろん、それは、既述の「容認と愛の交流」を基盤としている。私の実証研究からみると、優れた最高権力者(たとえば社長)を選んだ組織ほど、実力主義を基盤とする繁栄を謳歌している、という結論が得られる。

1 上原征彦・中麻弥美（2020）江頭財団研究助成事業2020「日本におけるフードサービスの歴史的展望」第Ⅲ部

2 M・ヴェーバー（1989）大塚久雄訳『プロテスタンティズムと資本主義の精神』岩波文庫

3「いま問われているもの：態度能力の向上」『経友』No.205

第9章

社会を取り巻く環境の変化

1 成長期型生活から成熟期型生活へ

Ⅰ 破壊が進む地球環境

コロナ禍を経て「新しい日常：New Normal」が希求されているが、よく考えると、我々には「New Normal」を超える斬新な生活革新」が要請される時代に入っている。周知のように、地球環境の破壊が進んでおり、従来の趨勢にそって生活水準を上昇させようとすると、その破壊はさらに加速され、それが我々の生活を劣化あるいは崩壊させる方向に動いていく。この動きを抑えるには、全く新たな視野から人間生活を展望する必要がある。

1972年(日本経済が高度成長期に謳歌《おうか》しつつも、多少の懸念が出はじめていた頃)に、ローマクラブの報告書『成長の限界』は、「人口増加や環境汚染など従来の趨勢が続くと100年以内に地球上のすべての成長が限界に達する」ことをシミュレーションで明らかにし、それが世界中に大きな波紋を投げかけた。既に18世紀の末、マルサスは、著書『人口論』で、「人口増加に食糧供給が追いつけなくなる」という懸念を論じたが、ローマクラブは、人口増加に対する相対的食糧不足よりも、むしろ、人間の地球環境破壊力に着目した。技術革新による食糧増産が人口増加をカバーしてきたこともあり、マルサスが指摘した懸念は薄らぐ傾向にあったが、近年は、人間が今までの生活の趨勢を続ける限り、人口増加が地球環境破壊に結びつくことも科学的に験証されてきている。ローマクラブは、既に50年前に、このことを警告していたといえよう。

地球に多くの人口が集積し続けることは、「地球資源の消費を拡大し続ける」という意味で、地球に多くの負担を与えている。この負担を人口1人当たりの地表面積で表わした指標をエコロジカルフットプリント（バイオロジカルフットプリント）と呼んでいる。1990年代初頭の日本人合計のエコロジカルフットプリントは国土面積（陸地＋海洋淡水域）の15倍を超えていた。つまり、日本の国土面積に見合う環境保全水準からみると、実に15倍の人口過剰になっていたのである。

Ⅱ 楽観志向と反省

既に1970年代から、地球環境破壊について、さまざまな科学的根拠が明らかになってきたにもかかわらず、我々人間は、多かれ少なかれ、その対応に遅れをとってきたといえよう。それは、技術革新が、経済成長だけでなく、地球環境保全技術を進化させるため、我々の生活を利便化する趨勢は続くであろう、という楽観志向によるものである。しかし最近、こうした楽観志向に対する反省が強まっている。

この楽観志向と結びつきやすい理論が「環境クズネッツ曲線」[1]である。縦軸に環境汚染の程度(Y)、横軸に経済発展（1人当たり国民所得）の程度(X)をとると、逆U字型の曲線を描く。即ち、経済の発展度が進む（X→）につれ、当初は環境汚染が大きく高まる（X→⇓Y→）が、その高まる程度は徐々に少なくなり、ある段階を超えて経済発展度がさらに進むと、環境対策技術が進化していくため、逆に環境汚染

図表10　環境クズネッツ曲線

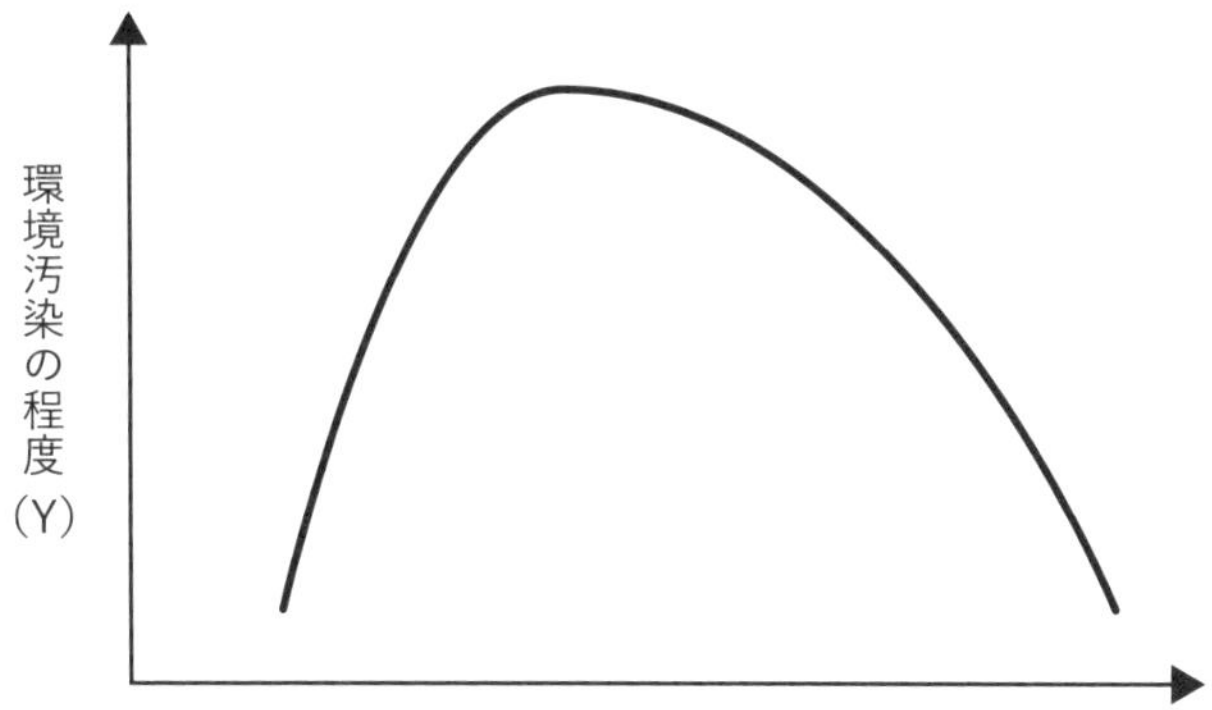

度が低下する（X→⇓Y←）という(図表10)。この理論によると、我々の現在の生活の豊かさが趨勢的に持続されても、技術革新によって地球環境破壊を弱めることができることになる。最近の多くの研究は、この論理は、楽観主義に陥る危険性が大きいことを示している。言い換えれば、人間が技術革新のみに頼らずに、現在の生活(環境破壊を惹起する様式)を大胆に変えることも必要だと示唆している。

Ⅲ　変革期にある文明

歴史をふり返ると、商人商業が文明の進化を駆動してきたこと、その文明の進化が環境破壊に繋がる矛盾を露呈しはじめ、商人商業にも新たな対応が迫られていることをも確認できる。言い換えると、我々の生活の趨勢を支えてきた文明そのものの変革が求められていることになる。それは、いままで我々が恩恵を受けてきた技術・知識・理論、より根本的には文明を支える価値観の変革であり、地球環境破壊を有意に生じさせてきたさまざまな生活行為を変えていく方向の確立の示唆でもある。このように考えると、我々にとって途轍《とてつ》もない負担のように思えるが、決してそうではない。世界の歴史は、「国民にとって極めて効率的な専制主義から、彼らにとって非効率ともいえる民主主義への変革」[2]を曲がりなりにも実現してきた、という困難の克服を忘れてはならない。

Ⅳ 要請される「複眼の思想」

たとえば、エリート職は至近距離でも自動車で移動するので、足腰の脆弱化を防ぐためにジムに通って体を鍛えている。その場合、自動車を動かし、ジムの機械を作動させるためには、従来の技術では地球環境を有意に破壊するため、これを防ぐ方法が求められていると仮定しよう。ここで、次の二つの方法が考えられる。

A．当人が老いても仕事を続けられるように、自動車とジム機械の地球環境破壊を有意に削減する技術を開発する。

B．当人が老いても仕事が続けられるように、自動車とジム機械を使わずに、歩いて成果を高める方法を実行する。

環境クズネッツ曲線はAに期待を託しており、今まで我々もAの方向で問題に対処しようとしてきたが、既述のように、その有効性は限られてきている。そこで、Aの技術開発を行ないつつ、可能な限り

Bの「歩き」を実行し、かつ、「歩き」の成果を高める方法を開発していくのが望ましい。「歩き」によって、少なくとも自動車とジム機械による環境破壊を回避することができる。それだけではない。歩きながら仕事が容易にできる携帯AＩや、歩くための筋力を強化する生命科学技術などの開発を誘発していく。つまり、現在の利便性を延長する技術開発に頼るだけでなく、その利便性の虜からの離脱を図る方向(人力の復活ともいえる)も視野に入れた「複眼の思想」を身につけることが重要である。このことによって、我々は、産業革命から続いてきた「機械依存型文明」を、「人間主体型文明」に変えることができるであろう。商人商業も、前述のように「複眼の思想」を考慮に入れた戦略を展望する時代に入っており、その意味で、「人間主体型文明」に基づく生活を的確にイメージしていく必要がある。

2 地政学視座と関係論視座

Ⅰ 国際関係の二つの視座

私は一介の商業学者に過ぎないが、2022年から始まった、ロシアのウクライナ侵攻にみる暴挙ともいえる事態に直面し、改めて国際関係についても考えてみた。ここでいう国際関係とは、我流に過ぎないが、ある国が自国の繁栄のために、他の国々にどう対応すべきか、という問題意識から生じる現象を指す。私は、国際関係を捉える方法として、「地政学視座」と「関係論視座」の二つがあると考える。

近年、地政学という用語を持ち出して、国家を論じる人々が増えているが、それは学問としては必ずしも確立しておらず、評価もされていない。その理由は、ある種の国家のエゴを剥き出しにする恐れがあるからだと思われる。地政学は「国家は、資源を多く確保するために、領地と領海の拡大を目指す」という思想に基づいて論理を展開する。こうした「領地と領海を拡大し、そのパワーによって国際関係から利を得る」戦略を地政学視座と呼ぶ。

これに対して、「国家は、領地・領海の拡大をせずに、他国との交流によって資源を遣り取りする(不足資源を輸入し、余剰資源を輸出する等)ことで、繁栄を目指す」方法を、関係論視座と呼ぶことにしたい。ここでいう関係論視座は、国土が狭い小国でも、固有の資源を創造・活用することによって存続でき、大国と同様に独自の国際貢献を担うことができる、という思想に立脚している。国際連合も、このような関係論視座を基盤にして成り立っているといえよう。

Ⅱ 視座の違いと対立

各国は、それぞれ地政学視座と関係論視座の二つを用いて国際関係に対処することになるが、世界を大きく見渡すと、地政学視座に重きを置く国々と関係論視座を主とする国々とに分かれ、両者の対立が顕在化してきている。地政学視座に重きを置くのがロシアと中国および中東主要国などであり、関係論的視座を標榜するのが、米国とEU、そして日本などである。前者は、共産主義から資本主義に変わった大国を中心としており、独裁政治を許す国々が多い。後者は、当初から資本主義に依拠しつつ、民主主義を理想としながら、その完成を国是とする国々で構成されている。ロシアによるウクライナ侵攻も、関係論視座を重視する米国・EUなどと、地政学視座に依拠するロシア・中国などとの対立を背景としている。

欧米の歴史を長期的に展望すると、文明の開花期や文化の革新期には、地政学視座よりも関係論視座が強く作用していたことに気づく。西洋の飛躍的な発展は、紀元前30世紀～4世紀にわたる地中海文明の興隆によるところが大きいが、それは、少数の大国による地政学視座よりも、多数の都市国家による関係論視座が強く作用したからだといえる。その後、4～14世紀にローマ帝国の版図拡大すなわち地政学視座による中世になるが、文明は停滞的だったといってよいだろう。14～18世紀にはルネサンスを契機に大航海時代と重商主義による商業文化が展開され、産業革命が経済を飛躍させるが、そこには関係論視座が有意に作用したといえる。しかし、その後18～20世紀には地政学視座が優勢となり、主要国による植民地支配が志向された。現在(20～21世紀)は、グローバル経済化とDX化が志向されているが、そこでは、国際連合を基軸として、関係論視座の普及が要請されている。

Ⅲ 独裁国家と民主国家

既に示唆してきているが、独裁国家は地政学視座で繁栄を目指し、民主国家は関係論視座で繁栄を目指す、ということが推察・確認できる。さらに、国民経済の発展史からみると、相対的ではあるが、前者(独裁国家⇒地政学視座)は、発展途上国から先進国への離陸が遅れた(ロシア・中国など)のに対し、後者(民主国家⇒関係論視座）のそれが早かった（米国・EUなど）、という違いに気づく。このことは、発展への離陸にはリーダーの牽引力が必要で、離陸した後には各々の構成員の能力の発揮が要請される、ということを意味している。このことに依拠するならば、ロシアも中国も、独裁国家から民主国家への脱皮が迫られることになる。果たしてこれが可能なのか？　次では、この点について考えてみよう。

Ⅳ　国家の地方分権化・民主化の必要性とビジネスへの示唆

領地・領海の拡大によって国の繁栄を目指し、これを独裁的に支配するには限界がある。第1に、必ず近隣諸国との軋轢を生む。第2に、国土を広げれば広げるほど、各地域の特性に合致したマネジメントが要請され、そこでは多様性の維持が必須となるが、独裁政治ではこれがほとんど不可能になる。この二つは、独裁政治と地政学視座の共存を困難にし、いつかは変革が迫られることを示唆している。こうした変革をしないと、国民から非難が生じるが、この非難を避けるために、独裁者はさらに国土の拡大を目指すが、それはさらに他国との軋轢を生むため、国際的に孤立し、国民の独裁者からの乖離が生じてくる。ロシアはこうした窮地に陥りつつある。

広い国土に多くの人民が住みつくようになると、国家権力は、国内各地に分権的な地方政府を樹立しない限り、有効に機能しなくなる。米国の州制度は、まさに、こうした地方分権化を実現したものだといえる。また、このような分権化は、多様性を生む仕組みでもあり、長期的な存続と成長に寄与する。私見ではあるが、広大な国土と大量の人口を有する中国は、現在の独裁政治を大きく転換させ、地方分権化を強力に進めると同時に、民主化を図らざるを得なくなるであろう。1990年代初頭、私は、北京の大学で、中国が市場経済の導入を間近に実現しようとしているとき、地方分権化と民主化の必要性を訴えたことがあったが、ほとんどの人々が賛意を示してくれた。

ビジネスも同様に、優れた経営者の指令によって、構成員のすべてが同質的に動く、という時代は終わりつつある。個性的な構成員の各々が、必要に応じて小集団を多数つくって、それらがネットワーク化することによって統合的な戦略を展開していく、という方向に変わりつつある。大企業化すればするほど、こうした動きが必須となるであろう。単に規模と業容を拡大することは、地政学視座と同様に、競争相手との軋轢を生むと同時に、組織内の多様性を喪失させる。それは、元学習院院長(元学習院大学教授)田島義博先生の名言によると、「成長ではなく、単なる膨張」でしかない。

3 商人の強みの再構築

Ⅰ「文明の緩慢な推移」から「文明の有意な進化」へ

交換は、人間を自給自足生活から解放し、かつ、文明史を歩ませる契機をつくり出したといえる。当初は、商業が介在しない交換、たとえば、部族Aと部族Bとが物々交換を行なう「直接交換」であった。ところが、商業が介在する交換、すなわち「商業交換」が出現しはじめる(日本では律令が整備されはじめた時代）と、世の中は、文明の有意な進化がはじまることになる。直接交換から商業交換への転化が、「文明の緩慢な推移」から「文明の有意な進化」への契機となったのは、世界の至る所に見られる普遍的現象だといってよい。

直接交換は、交換対象物が自分にとって適切か否かを判断するためには、相手がそれをどのように調達したか、相手の能力は信頼に値するかどうか……等々、さまざまな情報を収集せざるを得ない。これを的確に行なうのはほとんど不可能なため、その時点での自己が可能な範囲での情報接触に止まってしまう。つまり、外部との交流が希薄化すると、各々の交換主体の情報処理能力は停滞する。人間は、外部に開かれ、かつ、自己の範囲を越えた情報に接しない限り、文明の恩恵に浴する（＝自己の能力を高める）ことはできない。

Ⅱ 情報格差の創造

人々にさまざまな情報を与え、彼らを外部に開かせてくれるのが「商業の情報力」である。商業の進化はその情報力のそれであり、人間は、この「商業の情報力」の進化に依拠しつつ、自身の情報力を高め、これを生活資源の獲得に活かしてきたのである。商業の本質的機能は、人々に情報を移転し、「商業の情報力」を「人々の情報力」に転化させることにある。この転化を可能にする根拠となる概念が、既に述べた「情報格差」[3]である。

商業が、人々が既に熟知している情報を彼らに移転するならば、それはほとんど無意味である。そこで、商業は、人々がまだ熟知していない情報、これが「情報格差」であり、それを事前に創造しておく必要がある。こうした情報格差の創造は、当該商業が既に集めた情報と、新たに収集すべき情報とによって、独自に編成される。ここで、製品・品揃え・サービスの創造は、収集した情報(どこかにある既存情報)の再編成(新たな組み合わせ)を基盤とし、「無から有が生まれる」神業ではない、という点を強調しておく。

Ⅲ マーケティング(商業機能)の拡散

情報格差の創造だけでは、人々に情報を移転することは難しく、彼らがそうした情報格差を欲していることが移転の必要条件となる。そのためには、どんな人々がどんな情報格差の移転を欲しているか、創造した情報格差をどんな人々に移転すべきか、情報格差の特徴をどのように知って貰うべきか……等々を決め、それに必要な行動を実践していく必要がある。これが第7章でも述べた「情報格差の訴求」であり、それはマーケティングそのものでもある。ここで、マーケティングは本質的には商業機能であり、たとえば、メーカーがマーケティングで成功すると、それは「メーカーが商業を兼ねた」と解釈すべきであろう。

歴史的には、もともとマーケティング、すなわち商業機能は、商人(商品の販売を専業とする経営主体)によって担われてきたが、現代になるにつれ、その一部あるいは多くを、有力メーカー等も実行する動きが目立ってきている。私は、これを「商業の拡散」と呼んでいるが、なぜそれが生じたのか? 最大の理由は、情報化が進むと同時に、製品等に関わる技術が高度化するにつれ、売り手に専門能力が必要とされ、技術ごとにマーケティングも専門分化してきたからである。また、買い手も専門化されたマーケティングに接する機会が増え、情報を蓄えてきたため、商人からの情報を以前ほど必須としなくなったからであろう。「商業の拡散」によって、商人固有の情報格差が相対的に低下してきたといえる。

Ⅳ 強みの再構築への示唆

さて、商人は、その情報格差が相対的に低下しはじめている今日、これを取り戻すためには、どんな打開策で臨むべきか？ 答えは、ある意味で「商業の拡散」とは逆の方向、すなわち「技術の専門分化」に対抗して、各々の技術を関連づけて、これを人々に向けての「革新的な生活提案」に纏め上げていく、という戦略に活路を見出すべきであろう。かつて、商業が商人によって担われていた事態を「商人商業」と呼ぶならば、この「商人商業」が遂行していた役割は、冒頭で述べてきたように、人々をして文明の進化に参加させること、言い換えれば「文明と生活とを繋ぐ」ことにあった。ここに、「商人の強み」を再構築するための示唆が隠されている。

Ⅴ 「商人商業」の新たな役割――文明の矛盾への挑戦

専門分化した技術とその高度化による文明の推進は、現在、地球環境破壊などさまざまな矛盾を露呈しはじめ、それが人々の生活を脅かしつつある。そのため、ＳＤＧｓやＥＳＧなどの提案がグローバルに展開されている。そのような提案が、高度化されたさまざまな技術と人々の生活とを結びつけ、新たな文明の方向を見出すべく、さまざまな努力がなされているとはいえ、まだ、それが定着するには相当の時間を要する。生活者の視点に依拠しつつ、こうした定着を方向づけるのが「商人商業」の新たな役割だといえる。文明の矛盾に挑戦するための「情報格差の訴求」が、文明と生活とを繋いできた「商人商業」の伝統的な強みの再構築になることが期待される。

4 業種&業態の希薄化と小売チェーン

Ⅰ 「流れの管理」とその概念

どんなビジネスが優勢になるか？　とりわけ時流の変化が著しい今日、これに安易に応えることは危険である。しかし、私は、経営史学者A・チャンドラーの「流れの管理」(Throughput Management)で成功したビジネスが優勢を誇る」という見解は、相応の妥当性を持つと考える。たとえば、かつて鉄鋼業や石油プラントが優位を確保できたのは、前者が、顧客の注文に応じて鉄鉱石の輸入から鉄鋼製品の製造・販売までの「流れ」を管理でき、後者は、原油輸入から精製を経た石油製品をパイプラインで顧客に渡すまでの「流れ」を管理できたからである。

Ⅱ「現在～近未来」での妥当性

鉄鋼業や石油プラントの繁栄は過去のことではないか、という懸念に対して、さらに例を挙げておこう。まず、有力鉄道業が現在でも主要な地位を確保しているのは、レール敷設と車輌製造を経て、これを動かすまでの「流れ」を管理し、それを駅に入ってくる顧客に直ちに提供できるからである。書物のネット通販で成功したアマゾンが、品揃えを多様化していく過程で、川上から川下に向けての物流を掌握しようとしてきた動き、また、同社が宇宙旅行をビジネス化しようとする計画は、「流れの管理」で利を得る意図を窺わせる。最近、ブロックチェーンやクラウドコンピューティングによって儲けようとする企業も見られるが、それは、情報の「流れ」を体系的に把握しようとする動きでもある。こうした「流れの管理」は、最近の理論によれば、ＳＣＭ(サプライチェーンマネジメント)に該当するといえる。

Ⅲ 日本の小売チェーンの特徴

小売の多店舗展開を旨とするチェーンオペレーションとは、正統的には、卸売と小売との経営統合を指す(このため、公的統計では、小売チェーン本部は卸売業とされる)。欧米では、こうした小売チェーンの台頭が業界を大きく変え、「メーカー⇓卸売⇓小売」といった多段階構造とは異なる方向、即ち、小売チェーンがメーカーと直接取引する他に、製品製造まで担う方向が大勢を占めるに至った。まさに、「流れの管理：ＳＣＭ」に成功した小売チェーンが優位を確保し得たといえる。

一方、日本の流通革命で業種別中小専業店に取って代わった小売チェーンのほとんどは、多店舗展開による規模のパワーを背景にしつつ、メーカーや卸売に対する発言力を強めていく戦略を展開してきた。つまり、「メーカー⇒卸売⇒小売」という多段階構造は抜本的に変わることなく、それが小売チェーンの台頭に合わせる方向に事態が進んできた。その意味で、日本の小売チェーンは、SCMを積極的に担おうとせず、むしろ、それをメーカーや卸売へ任せるという点に効率性を見出してきたといえる。

Ⅳ SCMと利益創出

日本の小売チェーンのほとんどは、店舗販売を主たる利益源としつつ、SCMをコストと見なして、それを下げることに主眼を置いたため、SCMの多くをメーカーや卸売に担ってもらうことに効率性を求めてきたといえる。しかし、ここで強調すべきは、A・チャンドラーによって提起され、欧米の小売チェーンが実践してきた「流れの管理：SCM」は、そこから利益を生み出す経営行為の展開を指している、ということである。利益の源泉をできる限り多く確保することが優位を手にする最良の道の一つであり、「流れの管理：SCM」は、このことを明示化した戦略概念だといえる。日本の小売チェーンでSCMを利益源として成長してきた数少ない例として、セイコーマートやニトリを挙げることができる。

何度か示唆してきているかもしれないが、AIの機能が飛躍的に高まっていくDX時代に入ると、物理的作業や論理形成作業が大きく削減されるようになる。より本格的な論旨は後述するが、人間の創造力がビジネスの成否を決める。

ところで、従来の業種&業態の区分には、物理的作業や論理形成作業の違いが大きく関わっていたこと、また、DX時代にはこうした作業がAIによって自動化されていくことに注目するならば、業種&業態の違いの希薄化が著しく進んでいくであろう。

Ⅴ 垂直的多角化とSCM

小売チェーンの品揃えやサービスの展開および調達に関わる業種&業態の希薄化とAIによる自動化が進むと、日本の小売チェーンも利益の源泉をできる限り多く確保するために多角化を志向していく。その一つとして、垂直的多角化の推進、即ち、店頭販売を主たる利益源としていた小売チェーンが、卸売やメーカーに任せてきたSCMを内生化し、卸売利益やメーカー利益を確保する「流れの管理」を実現する動きも出てくるであろう。もちろん、DX時代になると、メーカーや卸売も消費者向け直販を展開できる機会に恵まれることになる。その意味で、小売チェーンも「流れの管理」を追求する垂直的多角化を戦略視野に取り込んでいかざるを得なくなる。

Ⅵ 競争から創造へ

DX時代の小売チェーンは、「範囲の経済」に基づく多角化を推進していくことになる。「範囲の経済」

では、規模効率を追求せずとも利益を獲得できる。それは、一つの資源（経営資源）が複数の生産やサービスに使える（こうした資源を共通インプットと呼ぶ）からである。たとえば、過疎化の危機にある地域では、路線バスやタクシーの利用客が少ないため、これらが廃止され、そのことが当該地域をさらに疲弊させる傾向を持つ。こうした地域ではDX時代になると、地域密着型スーパーが作業の自動化によって人的資源等の余剰を創出して、これをバスやタクシーのオンデマンドに活用していく、などといったことが可能になっていく。こうした形で、小売チェーンは、さまざまなサービスに参入していくことも比較的容易になっていく。

近い将来、店舗間競争によって、あるいは、仕入れ先に取引パワーを発揮することによって、規模効果を享受してきた小売チェーンは、消えゆくであろう。そこでは、競争によって利を得る方策に四苦八苦する企業ではなく、競争を越えて新分野を創造する企業がスタートラインに並ぶことになる。そこでの小売チェーンは、従来の業種&業態概念では律し切れない、新たな組織に変わっているだろう。

1 世界銀行が1992年に発表した説。
2 民主主義の非効率性はチャーチルも指摘し、我々は、常に専制主義の効率性に誘惑されるが、これを何とか凌ぐ努力をしている。
3 この用語は慶應義塾大学名誉教授・和田充夫氏の開発によるところが大きい。

第 10 章

企業創生の道

1 創造力を生み出す経営

Ⅰ 知恵の源泉たる創造力

私は、知識と知恵を明確に区分しており、組織の環境適応には前者よりも後者がはるかに有効だと結論づけている。しかも、この場合、構成員に共有される衆知よりも、これを体系化・戦略化できる個人の知恵のほうが効果を発揮するため、そうした個人を支援するマネジメントが必須となることを強調しておきたい。前述でいう知識は「客観的に識別できる体験や論理」の集積であり、知恵は「知識を使い熟す応用力」「未知を開発する創造力」を指している。ここで、知恵を具体化すれば、創造力そのものである、という推察も成り立つ。

以降では、個人の創造力(以下、単に創造力と呼ぶ)を生み出す経営について考えてみよう。創造力についての本格的な研究は精神医学(中でも社会心理学の造詣に結びつく分野)で蓄積されてきているが、私は、マーケティング論の立場から、S・アリエティの精力的な研究[1]に注目してきた。本章では、それを踏まえて、いくつかの示唆を得ていくことにしたい。

アリエティによると、組織構成員の創造力は、組織文化(組織固有の価値観とこれに基づく行動パターン)と構成員個人の資質(個人資質)に規定される。まず、創造力に寄与する組織文化と寄与しない組織文化とがある。ここでは、どのような組織文化が創造力に寄与するかが問題となるが、この点についてはアリエティから示唆を得ることができる。次に、アリエティは一方で、個人が組織文化の寄与を享受できるか否かは当該個人の資質によるとしている。そこで、どんな個人的資質が創造力の発現に結びつくかが問題となるが、これについても我々に示唆を与えてくれる。

Ⅱ　創造力に寄与する組織文化

アリエティは、創造力に寄与する組織文化の特性として、次の五つを挙げている。

①組織の文化的資源（創造的体験の蓄積、および、構成員すべてに知的刺激を与え得る制度等）が充実している。
②外部の刺激（当該文化とは異なる、あるいは対立する文化等）に対して開かれている。
③現況充足（Being）よりも未来に向けての進化（Becoming）が尊重される。
④目標達成への苦労と鍛錬が志向される。
⑤構成員の相互作用（例：コミュニケーションのよる活性化）が組織運営に大きく効いている。

要約すると、知的な資源を生かしつつ、それを環境適応に柔軟に活かせる組織、構成員のコミュニケーションによって既存ルールを潔く変革しつつ、果敢に未来へ挑戦していく組織、こうした組織文化が構成員の創造力を有意に高める。このような文化を有する組織を、ここでは自己革新型組織と呼んでおく。

この自己革新型組織は、従来の有力企業等に見られる組織（現況順応型組織）とは明らかに異なる。この現況順応型組織は、確かに環境に適応しようとするが、現況から得られるメリットを捨てきれないため、革新は緩やかになり、ルールも固定的で徐々にしか変わらない。一方、自己革新型組織は、変革に向けて組織の形は常に変わる。シリコンバレーから世界に雄飛した企業の多くは、ここでいう自己革新型組織であり、第Ⅲ部の冒頭で述べた「変曲点の時代」を迎えつつある日本でも、そうした自己革新型組織を標榜する企業が胎動しはじめている。

Ⅲ　組織文化と個人資質

前述の自己革新型組織において、その文化を享受しつつ、創造力の展開に結びつける資質を有する構成員は、少数の者に限られる。アリエティの研究から、そうした個人資質として、次が抽出できる。

①注意深く、かつ、他人が見ないような物の見方をする。
②自分の価値や才能に動機づけられ、自己に即した行動を展開する。
③より多くの概念を比較して、より優れた統合と体系化を行なう。
④より複雑な経験と世界を知っている。
⑤無意識な動機や幻想を肯定的に知覚している。
⑥強い自我を持ち、これに基づいた客観的な自由を標榜する。

ここから、一般人と比べ、はるかに敏感で、新たな概念を創出し得る人間を想定できるであろう。これを概念創造型人間と呼ぶことにしよう。

Ⅳ 組織と個人との相互作用

変曲点を迎えつつある時代において、企業が成長を謳歌できるか否かは、革新的戦略の展開力に大きく左右され、それは、自己革新型組織文化と概念創造型人間との相互作用によって高められていく。言い換えれば、この相互作用を首尾良く創れるか否かが、企業の成長格差を規定していく。したがって、これからの企業は、「Ⅱ 創造力に寄与する組織文化」に示したような自己革新型組織を標榜しつつ、「Ⅲ 組織文化と個人資質」に示したような概念創造型人間を、そこに取り込んでいかなければならず、この点において企業の優劣が決まってくるであろう。

しかし、このような方向の実現は難しい、という声も聞くが、決してそうではない。今まで大企業などに見られた経営思想を変えるだけでも、新たな展望を抱くことができるであろう。まず、「組織を管理する」ことを極小化し、「構成員の創造的活動を支援する」ことを極大化することに重きを置き、ルールの複雑さとそれによる縛りと安住からの解放を目指すことである。これだけでも先述したような創造的な文化が醸成されてくる。次に、学力や学歴を重視する「新卒中心型人材募集」とこれを基盤とするイベント的人事制度を改め、常時、必要とする人材を取り込んでいく仕組みを構築することが必要である。新たに成長してきている中小企業の多くは、「新卒中心型人材募集」では応募者が少ないため、仕方なく中途採用型人材募集の仕組みをつくったが、返って、それが先述した概念創造型人間の確保と育成を促したという。

V 人間を評価できるのは人間

アリエティだけでなく、多くの専門家も検証しているように、学力テストや知能テストの良さと創造力との相関を見出すことはできない。我々は、そろそろ標準的に知識や心理などを測る人材評価から解放されるべきだと思う。人間の知恵は人間が評価しなければならず、これを効果的に実現するためには、コミュニケーションや関係性の構築が重要な役割を担っている。この点については改めて論じてみたい。

2 「止まる企業」から「動く企業」へ

I 環境変化への適応力

私は、この年齢にいたるまで、経営戦略を研究テーマの一つとしつつ、実務界を眺めてきたが、「戦略の巧みさ」が経営の成否を大きく決めるという見方は変わっていない。しかし、企業が「戦略の巧みさ」を長期にわたって維持することは容易ではない、ということもわかってきた。たとえば、かつての優れた業績が、最近、落ち込んできている企業、あるいは、現在の業績は良いが、それが将来は低迷すると危惧される企業は少なくない、ということに気づきはじめた。まさに、「戦略の巧みさ」の維持は難しいことを実感している。

戦略を「環境と資源(経営能力)との適合」と捉えると、「戦略の巧みさ」の維持の困難性は、環境変化と資源とのズレに早めに気づくことの難しさ、つまり「変化への適応力」を維持することの難しさに由来する。この「変化への適応力」は、それに企業が常に配慮しないと、知らぬ間に減衰し、次の手が打ちにくくなってしまう。多くの業界における企業の盛衰は、その時々の「変化への適応力」の差によって生じる。

Ⅱ 仕組みによる効率化と規模拡大による懸念

企業は一度成功すると、そのメリットを享受するために規模を拡大していこうとするが、ほとんどの場合、競争に巻き込まれ、「規模の経済」を希求する効率化のみが推進されることになる。企業は、成功の目途が就いたあたりから、その構成員の各々が当該戦略を効率的に遂行できるように、独自の仕組み(組織、規則、デジタルシステムなど)を構築していく。当初は不慣れかも知れないが、構成員がその仕組みに慣れるにつれ、効率化が急速に進み、企業は成功を享受できるようになる。しかし、このことが、企業を悪い方向に導く原因となることも少なくない。実は、この頃から、企業を取り巻く環境が変化しているにも関わらず、当該企業は、それと仕組みとのズレに気づかず、次の戦略を立てるのに遅れてしまうことになる。

このような遅れは、大企業になるにつれ多く見られるが、彼らがこれを懸念する気配はあまり見られない。それは、彼らが、規模のメリットを享受しているためであろう。たとえば、取引パワーに基づく交渉力による利益、あるいは関係者の動員による売上等を獲得できるため、そうした懸念が隠蔽されやすいからだといえる。

とはいえ、同じ大企業でも、テクノロジーの開発で利益を稼ごうとしているところは、規模拡大に甘んじることは少なく、常に技術の動向と自社資源とのズレを見極めようとしている。

以上から示唆されることは、ビジネスが、一度築いた仕組みを洗練かつ使い熟して効率を上げる時代は過ぎつつある、という点であろう。これからは、誰よりも早く変化を先取りし、それに向けて常に動いていく企業が、繁栄を謳歌していくことになる。

ここで、二つの企業の例を紹介しておこう。大企業の典型例として、先にも例を挙げた富士フイルムの経営ミッションは、"Never Stop"(止まるな!)である。また、それより規模が小さいロート製薬は"Never Say Never"(「やらない」と言うな!)をミッションとしている。両社とも、優れた新商品開発で、業績を伸ばしている。

Ⅲ 「忖度」文化の弊害

日本企業には、従来、既存の仕組みの効率化を志向する「止まる企業」が多かったが、これからは、変化を先取りする「動く企業」にビジネスの主流が移っていくであろう。最近、「止まる企業」と「動く企業」とに、文化の違いがあることに気づいた。つまり、前者には、常に上司に嫌われないために、命令にすぐ従うだけでなく、上からの指令を重宝がる「忖度」文化が根強く、後者には、上司と部下とが議論し合って最適解を得ようとする「合意」文化が見られる。しかも、組織が「忖度」文化から抜け出すのは極めて難しいことにも我々は気づいている。

私は、日本の多くの企業が「忖度」文化に安住していたために、「止まる企業」から「動く企業」に変わるのは容易ではないと思っている。それは、「忖度」文化は周知のように、企業文化だけでなく、日本文化の基底の一つだと見なし得るからである。次では、これを打開する企業創生の道として、二つの方向を提示しておこう。

Ⅳ 企業創生の道とは何か

企業創生の道として、一つは、既に業績を築いてきた企業ではなく、新しく台頭してくる起業家に期待できることである。近年、若い人たちが、さまざまな事業を立ち上げている。私がみる限り、そこでは既述の「合意」文化が機能しており、既存企業に取って代わる能力を秘めているところが少なくない。21世紀の日本では、こうした企業が増えてくるのは間違いない。

もう一つは、既存企業による新事業の展開である。確かに、業績を確立してきた既存企業の多くは「忖度」文化が根づいているが、それは既存事業分野においてである。外部から新たな人員を見出し、新たに「合意」文化を育成できる新事業を創り出すことは可能である。今後の有力企業の新事業開発は、「合意」文化の創造を標榜するようになるかもしれない。

Ⅴ　ビジネス文化の再構築

日本の経営力がジャパン・アズ・ナンバーワンとして海外から賞賛されたのは1980年代の半ば頃であるが、それは多分、それまで続いてきた日本経済の高度成長期に培われたビジネス文化によるところが大きいと思われる。私は、その文化は、二つの要因の合成によって築かれたものだと考えている。一つは、日本人の集団化したときの力強さである。つまり、個々人の力を集合させることによって、大きな経済成果を得て、その分配も確実に増えることが実感できたために、集団化のメリットを標榜することができた。もう一つは、上昇志向である。一生懸命に働くことによって、年功序列における地位向上と所得の拡大を享受できたといえる。この二つの合成力(資源)が日本経済の高度成長期(環境)に見事に適合したため、1980年代の半ば頃まで日本の経営力は世界でも高く評価されるに至った。しかし、日本の高度成長期が終わり、日本経済がグローバル化とデジタル化に巻き込まれるようになると、また、個々のビジネスパーソンの個性や独自性が要請されるようになり、そして、集団志向と上昇志向は行き場がなくなり、それが忖度志向に転化するに至ったと思われる。集団志向と上昇志向は、個性や独自性に基づく議論と合意を経ずに、ひたすら地位の向上を目指すという意味で、根底において忖度志向に連なる。今、まさにこうした文化の変革が要請されているといえる。

3 理論と虚構そしてビジネス

Ⅰ セドラチェクの見解

果敢な財政出動(ここでは積極的な公共投資とそのための通貨量拡大を指す)によって景気を浮揚させようとする政策は、相変わらず多数に支持されやすい。中には、財政が赤字になっても、財政出動によって景気が回復すると税収が増えるので、赤字は減るはずだという人々も多い。こうした主張は、ケインズ理論に基づいているが、現実を直視すると、それは必ずしも正しくはない。

チェコの気鋭の経済学者セドラチェクは、果敢な財政出動は「財政赤字の創出」⇓「景気浮揚」⇓「財政赤字の解消」という論法に基づいているが、「景気浮揚」が非現実的であるため、これをこの論法から除くと、「財政赤字の創出」⇓「財政赤字の解消」という矛盾(肯定A＝否定A)が生じてしまうと断じている。

Ⅱ ケインズ理論と現実

財政出動による景気浮揚策は、ケインズの乗数理論[2]によって根拠づけられている。私は、この乗数理論は数学的には正しいが、現実妥当性は低い、という結論を導き出している。しかし、ここでは紙面の都合で詳細かつ学術的な反論は省かせてもらう。ただ、次のことを述べておく。所得は需要が生み出すが、需要は投資によって自動的に生み出されるものではなく、ビジネス上の努力（需要創造努力＝マーケティング努力：ここには、客観理論を超えた人間的行為が必須とされる）が大きく影響する。たとえば、財政出動のよる投資で施設をつくっても、その施設の需要がわずかしかないことも多い。その場合、所得拡大効果は小さいだけでなく、施設が供給過剰になる。そうすると、過剰供給分はデフレ要因となり、財政出動による通貨量拡大はインフレ要因となる。言い換えれば、景気浮揚どころか、国民経済はスタグフレーションに落ち込んでいく。

理論は知識命題（AのもとではBが生じる）から構成されており、そこには人間の主観と行為が除かれる。この知識命題の代表が数学であり、経済学も、こうした数学を基礎として進化してきた。ケインズの乗数理論も同様である。知識命題は、自然科学では大きな成果を生み出してきたが、人間の介在を必須とする現実を分析対象とする社会科学では、有意な成果を生み出していない、というのが私の見解である。

Ⅲ 自然科学と社会科学の違い

第5章で触れた、山中篤太郎氏は、自然科学の法則と社会科学のそれを見事に峻別《しゅんべつ》していた。

山中氏の「自然科学⇕有限法則」vs「社会科学⇕展開法則」という対比は、自然科学で培われた理論が、現実社会を分析する社会科学には、そのままでは使えないことを示唆している。近年、これを明示的に結論づけた二つの研究に私は注目している。一つはフランスの哲学者、Q・メイヤスーの研究であり、もう一つはコンピュータ科学者であり、社会科学や哲学にも造詣が深い西垣通の研究である。前者は、一般に、理論(知識命題)で仮説を立て、これを現実(事実)で検証しようとするが、理論と事実との相関は希薄だと述べている。後者は、メイヤスーの結論を引用しつつ、ＡＩ(人工知能)は知識命題のみを学習するため、他律的であるが、人間は知識命題を超えた自律的な動きをすると主張している。いずれの研究も、客観的な理論によって、人間が介在する現実社会を十分に説明できないことを裏づけている。

以上から、人間や組織は、客観的な理論に基づく知識の駆使だけでは、千変万化する現実社会を生き抜くことはできず、そこには何らかの手立てが必要となる。言い換えれば、多様な知識を状況の変化に応じて組み合わせ、かつ再編成しつつ、それに主観的判断などを織り交ぜた生存戦略の展開が必須となる。こうした、知識を使い熟す手立てを知恵と呼ぶことにする。知識は自然科学を構成し、知恵は社会科学を構成する。私見ではあるが、経済学などの社会科学は、まだ自然科学的な知識を現実社会に適用する傾向が強く、将来はその有効性が明らかに薄らいでいくであろう。

Ⅳ 経営戦略論の有効性とビジネス

社会科学で知恵を得られる分野は、おそらく経営戦略論であろう。それは、既に環境変化に適応するための経験知(人間的経験に裏づけられた知恵)を実に多く蓄積してきている。この分野においてマーケティング戦略論、流通戦略論なども中核的な役割を担っている。こうした領域で得られた経験知の一部を紹介すると、「企業は顧客がいる間に戦略を変革しなければならない」「企業が成功するのは、優れた技術を開発したからではなく、それに見合う需要を創り出したからだ」「需要家は錐《きり》を買うのではなく、穴を空けることを買う」「固定客は購買理由を価格に帰属させる確率が有意に小さい」などを挙げることができる。まさに、ビジネスに関する経験知の蓄積が社会科学の中核になっていく。

最後に、「知恵なき知識は人をして忖度型官僚に、知識なき知恵は人をして扇動者に向かわせ、知識を知恵化できる人だけが社会に貢献できる」という私の信条を述べておく。

1　S・アリエティ著　加藤正明・清水博之訳（1995）『創造力』新曜社

2　「1回の公共投資が何倍もの所得を創る」という理論。

Column
コラム

日本の地域構造の歪み

過疎化の現状

日本の過疎地域は、政府統計によると、過疎およびこれに準じる地区（単位：市区町村）は、2017年で46・9％を占めている。現在、過疎と見なされる地区は、おそらく50％を超えると推測できる。

過疎化の要因の一つは少子高齢化（および、これに伴う人口減少）である。これを物語っているのが「限界集落」（65歳以上の人が50％を超える集落）数の増加である。政府の統計によると、2016年で全国市町村数に占める限界集落数は約22％に達している。現在（2020年）では30％を超えている。「少子高齢化⇩人口減少」が確実に進行し、これが過疎化を生み出す要因の一つとなっている。

今、人口が大都市圏に集中し、それが他地域での過疎化に繋がっている。たとえば、東京大都市圏でいうと、都内の人口は減っているが、神奈川・千葉・埼玉の3県は東京都の郊外地域と化し、人口が膨張している。それだけではなく、静岡・茨城・群馬・栃木まで「東京への通勤圏」となり、東京大都市圏はさらに広がり、多数の人口を包含するに至っている。また、大阪大都市圏、名古屋大都市圏、福岡大都市圏、札幌大都市圏などにも同じことがいえる。

QOL（Quality of Life：生活の質）と大都市圏――過疎地域での諸問題

欧州先進国では、大都市集中を避けるべく、都市計画や土地制度が整備されている。日本と比べると、至る所で中心市街地とこれを囲むコンパクトシティが形成され、過度な遠距離通勤を避けつつ、生活のストレスを少なくする工夫がなされている。大都市圏への人口の過度な集中は、通勤地獄の他に、「{移動＋仕事}時間」の拡大による疲弊、居住地でのコミュニティ形成の阻害などを引き起こし、居住地での生活を希薄化させるため、大都市圏居住者は仕事に埋没する人生に傾倒し、健康を害する確率が高くなる。大都市圏の過密化は、それが続く限り、生活の質（QOL）を加速度的に低下させていく。

日本の大都市圏を除く地域（地方）は過疎化に伴う問題を抱えている。要因として、人口減少に伴う小売店舗の撤退、遠くの店舗に出かけるために必要な交通路線の欠如、高齢化による移動困難性、ネット通販物流の非効率性などが挙げられる。

交通難を打開するために、乗合型の高齢者タクシー、集落巡回バスなどが展開されているが、既存交通機関との連動が欠如しているため、ねらった効果は上がっていない。人口減少によって、空き家・空き地が増加し、その長期間放置が景観を悪化させている。それだけではなく、廃校舎や公営住宅の空虚化などは安全等への危惧を拡大させている。人口の閑散化、交通アクセスの低下は、人的交流を希薄にしてコミュニティを衰退させており、駅、小中学校、病院、商業施設等の閑散化がこれに拍車を掛けている。

日本の地域構造の歪み(過疎地域と大都市圏の二極化)を是正するには以下がある。

①都市化率の向上：政府によるコンパクトシティづくり

これは、過疎地を消滅させる代わりに、人口密度の高い小都市を全国に配置していく施策であり、主として欧州の先進国が採用してきた地域政策である。しかし、日本政府が「中心市街地&コンパクトシティ」の形成を推進しようとしてきたのにも関わらず、ほとんど成果は得られなかった。それは、日本の土地制度と都市計画が、土地等に関して所有権だけでなく、その利用権も地権者に帰属させているため、政府(地方公共団体も含む)が、公共的かつ長期的な観点から、都市機能の配置を方向づけられないからである。

②過疎地のQOLの向上：地域経営ネットワークの構築

地域活性化への貢献を意図するNPO法人やNGOなどの他に、地域の寡占化&独占化競争を勝ち抜いて多角化を標榜する地域スーパーと、これを組織化しているチェーン、消費者に直結、あるいは近接する機能を有する流通企業などに大きな期待が寄せられている。こうした民間主導型対策として、以下が考えられる。

地域内の小売スーパー、ドラッグストア、介護&病院、交通機関、大学などが連携して共同事業を展開できる仕組みを構築する。これによって、一企業では困難な事業に多くが参加でき、新たな市場機会を創造できる。たとえば、ヘルスケア総合施設の運営が考えられる。

③「高齢者支援」「子育て支援」の複合施設の運営

老後に不安をもつ「働き盛りの中高年」の大都市への離散を抑制する効果、若年層の当該地域への移住を拡大する効果を創出する。

「住み替え支援」ビジネスの展開として、たとえば高齢者の施設への移住、若者層の「空き家」等への移住を促すための仲介とコンサルティングなどを行なう。こうした仲介業務が地域生活の利便性を高める。

④地域活性化と大学の活用

大学生によるコミュニティ形成活動、たとえば、高齢者施設や子育て施設で大学生に協力してもらうことは、大学と地域の双方の活性化にとって有効である。また、地方の国立大学は、施設や人材等において活用できる資源が今でも多い。これを活用した事業展開も有効だとされている。

⑤交通機能の強化

タクシー、バス、鉄道などの交通機関を相互に結びつけて、利用頻度の高いコミュニティ施設（たとえばスーパーマーケット、ヘルスケア関連施設など）へのアクセスを効率的に強化する事業を積極的に開発していく。

おわりに――「金欲と禁欲」そして「速断と即断」

執筆を終えるにあたって一言申し上げたい。ビジネスは、金欲を組織的に達成する仕組みであるが、これを創り上げる（起業する・経営する）ことは極めて難しく、誰にでもできることではない、というのがビジネス研究者としての実感である。それは、ビジネスを起こすためには、金欲を達成するためのさまざまな労力と努力が必要であり、そのぶんだけ他の欲望を抑えなければならないからである。つまり、金欲は禁欲を必要とする。言い換えれば、「刻苦精励」が起業や経営に成功するための必要条件となる。

さらに、私は最近、「優れた経営者は、即断せずに速断し、劣った学者は、速断せずに即断する」ということに気づいた。ここでいう速断とは「現実を的確に把握し、直ちに判断を下す」ことを指し、即断とは「現実の一部しか把握していないのに、思い込んだ理論に依拠して直ぐに全貌を語る」ことを指す。ビジネスの成功は「速断できる人物」によってもたらされ、陳腐な理論は「即断する学者」によって累積する。速断は刻苦精励を背景とし、即断は「高慢ちき」を背景としている。ビジネス理論は速断を支え、即断を棄却する機能を担っている。人間の欲望の発揚と行使においても、速断が求められ、即断が敬遠されるのが望ましい。

参考文献

第１章

- 大友純（２００３）「マーケティングにおける欲望分析序説」『明大商学論叢』第85巻第４号
- 大友純（２００４）「マーケティング戦略研究における欲望分析の重要性」『明大商学論叢』第86巻第３号
- 西垣通（２０１３）『集合知とは何か』中公新書
- Alderfer,C.（1969）"An Empirical Test of a New Theory of Human Needs" Organizational Behavior and Human Performance,4
- Cohen,W.A.（2013）, Drucker on Marketing Lessons from the World's Most Influential Business Thinker, McGrow-Hill
- Maslow, A.（1954）. Motivation and Personality, Harper Collins Publishers
- Maslow, A.（1958）. A Dynamic Theory of Human Motivation, Howard Allen Publishers
- Maturana,H.R. and F.J.Varela（1980）,Autopoiesis and Cognition: the Realization of the Living,D.Reidel
- Murray,H.（1938）,Exploration in Personality,Oxford University Press
- S・アリエテイ（１９８０訳：加藤正明・清水博之）『創造力：原初からの統合』新曜社

・大友純（2010）「老舗に学ぶ―不拡大永続主義のすすめ」『企業診断』Vol.57
・端山好和（2022）『自然科学の歴史』講談社学術文庫
・ホッブス（1982―1992訳：水田洋）『リヴァイアサン1～4』岩波文庫
・H・アレント（2007訳）：中山元）『責任と判断』ちくま学芸文庫
・M・ヴェーバー（1989訳：大塚久雄）『プロテスタンティズムと資本主義の精神』岩波文庫
・上原征彦（2021）「外食業界の革新を駆動した起業家の精神」『フードサービス学会年報』No.36
・上原征彦・中麻弥美（2021）『日本におけるフードサービスの歴史的展望』江頭財団2020研究助成
・加藤秀治郎（2014）「ラスウェルの権力概念―『権力と社会』を中心に」『東洋法学』Vol.57,No.3
・竹林浩志編　廣瀬幹好著（2020）『ビジネスとは何だろうか』文鎮堂
・沼上幹（2004）『組織デザイン』日経文庫
・ホッブス（1992訳：水田洋）『リヴァイアサン』岩波文庫（全4巻）
・K・マルクス（1967訳：向坂逸郎）『資本論』（1巻～3巻）岩波書店
・G・ルフラン（1986訳：町田実・小野崎晶裕）『商業の歴史』白水社
・A.Maslow（1954）Motivation and Personality,Hrper Collins Publishers
・H.Murray（1938）Explorations in Personality,Oxford University Press

第2章

・大泉一貫（2020）『フードバリューチェーンが変える日本農業』日本経済新聞出版社

• 上原征彦（2020）「需要創造の経済学：序説」『市場創造研究』第9巻
• 道畑美希（2010）「フードサービス産業の食材開発・サプライチェーンの構築：その歴史と現在、そして今後の方向」『観光学研究』No.9
• Hofer,C.W.and D.Shendel(1978),Strategy and Formulation:Analytical Concepts,West Publishing Co.
• Porter,M.E.(1980)Competitive Strategy,The Free Press
• Chandler,A.(1962),Strategy and Structure,Havard University Press
• アリエティ（1980訳：加藤正明&清水博之）『創造力：原初からの統合』新曜社
• 太田徹也（編著：1989）『CI：マーク・ロゴの変遷』六耀社
• ㈱夢テクノロジー（2022）「組織文化とは？組織文化をつくりだす要素5つとメリットを紹介」ホームページ
• 野中郁次郎（1985）『企業進化論』日本経済新聞社
• 吉見俊哉（2000）『カルチュラル・スタディーズ』岩波書店
• Chandler,A.(1967),Strategy and Stracture,Harvard University Press
• Hirsh,N.(1931),Genius and Creative Intelligence,Sci-Art Publishers
• Schein,E.H.(1985),Organizational Culture and Leadership,Jossey-Bass Inc

第3章

• 岩井克人（2003）『会社はこれからどうなるのか』平凡社
• 岡田章（2008）『ゲームの理論・入門…人間社会の理解のために』有斐閣アルマ

- Hofer,C.W.and D.Schendel(1978),Strategy Formulation : Analytical Concepts,West Publishing.
- 岩井克人（２００３）『会社はこれからどうなるのか』 平凡社
- Ｊ・ルフラン（１９８６・訳：町田実・小野崎晶裕）『商業の歴史』 白水社
- Ｍ・ヴェーバー （１９９８.訳：富永祐治・立野保男・折原浩） 『社会科学と社会政策にかかわる認識の客観性』 岩波文庫
- 西垣通（２０１３）『集合知とは何か』 中公新社
- 山中篤太郎（１９６９）『社会科学の基本問題』 第三出版
- Ｓ・アリエティ（１９９６訳：加藤正明・清水博之）『創造力：原初からの統合』 新曜社
- Ｍ・ヴェーバー（１９８９訳：大塚久雄）『プロテスタンティズムと資本主義の精神』 岩波文庫
- Ｊ・シュンペーター （２０２０・訳：八木貴一朗・荒木詳二） 『経済発展の理論』 日経ＢＰ
- 村上陽一朗（１９７７）『科学・哲学・信仰』 レグレス文庫　第三文明社
- Ｊ・ルフラン（１９８６・訳：町田実・小野崎晶裕）『商業の歴史』 白水社

第４章

- 盛山和夫（２０１６）「経験主義から規範科学へ」『理論と方法』 Voi.1,No.2
- 山中篤太郎（１９６９）『社会科学の基本問題』 第三出版
- 吉満昭宏・浜崎盛康（２０２０）「クリティカル・シンキングにおける発見と正当化」 琉球大学学術リポジトリ
- Reichenbach,H.(1938),Experience and Prediction,University of Norte Dame Press

・上原征彦（2020）「需要創造の経済学・序説」『市場創造研究』Vol.9
・西垣通（2013）『集合知とは何か』中公新書
・Weinberg,S.(2015),TO EXPLAIN THE WORLD:The Discovery of Modern Science, Janklow & Nesbit（大栗博司 解説・赤根洋子 訳『科学の発見』文藝春秋 2016年）
・小島寛之（2008）『容疑者ケインズ』プレジデント社
・小島寛之（2009）『無限を読み取る数学入門』角川ソフィア文庫
・T・セドラチェク（2015・訳：村井章子）『善と悪の経済学』東洋経済新報者
・友野典男（2006）『行動経済学：経済は感情で動いている』光文社新書
・Q・メイヤスー（2016・訳：千葉雅也・大橋完太郎・星野太）『有限性の後で』人文書院
・Keynes,J.M.(1936),The General Theory of Employment,Interest and Money（塩野谷九十九訳）『雇用・利子および貨幣の一般理論』東洋経済新報社（1941）

第5章

・上原征彦（1986）『経営戦略とマーケティングの新展開』誠文堂新光社
・江森英世（2010）「数学的コミュニケーションの創発連鎖における反省的思考と反射的思考」『科学教育研究』Vol.34,No.2
・荒川祐吉（1978）『マーケティング・サイエンスの系譜』筑摩書房
・Cohen,W.(2012),Drucker on Marketing:Lesson from the World's Influential Business Thinker, MacGrow-Hill

（松浦由希子訳『ピーター・ドラッカー：マーケターの罪と罰』日経ＢＰ、２０１３年）
• Drucker,P.（1985）,Innovation and Entrepreneursip,Harper&Row
• 梅澤伸嘉（２００１）『長期ナンバーワン商品の法則』ダイヤモンド社
• 梅澤伸嘉（２０２０）『〝梅澤式〟だと、なぜ超ヒット商品がこんなに作れるのか』１万年堂出版
• 梅澤伸嘉・梅澤大輔（２０２１）「買う前にお金を払わせる凄い力・コンセプトパワー～ＭＩＰの成功を支える『キーニーズ法』の最新～」『市場創造研究』Vol.10
• 西垣通（２０１３）『集合知とは何か』中公新書
• 林周二（１９９９）『現代の商学』有斐閣
• 保阪正康（２００５）『実学と虚学』ＰＨＰ研究所

著者紹介

上原 征彦
うえはら　ゆきひこ

公益財団法人流通経済研究所 理事・名誉会長
株式会社コムテック22代表取締役

東京大学経済学部卒。日本勧業銀行(現みずほ銀行)、財団法人流通経済研究所、明治学院大学経済学部教授、ペンシルベニア大学客員教授、明治大学専門職大学院 グローバル・ビジネス研究科教授を経て現職。2010年～2014年に公益財団法人流通経済研究所理事長、現在は理事。専攻はマーケティング戦略論、流通論。公益社団法人日本通信販売協会会長、産業構造審議会流通部会・サービス部会長を歴任し、現在、公益財団法人日本ヘルスケア協会理事を務める。

主な著書に『マーケティング戦略論―実践パラダイムの再構築』(有斐閣)、『創発する営業』『価値づくりマーケティング』(丸善出版)、ワード・ハンソン著『インターネット・マーケティングの原理と戦略』(日本経済新聞社、共訳)がある。

「欲望」の生産性

——欲望と人間、そしてビジネス——

2023年8月1日　初版 第1刷

著　者　上原　征彦
発行者　髙松　克弘
発行所　生産性出版
　　　　〒102-8643　東京都千代田区平河町 2-13-12
　　　　日本生産性本部
電　話　03-3511-4034
　　　　https://www.jpc-net.jp/

装丁デザイン　山口　直美（THE CONDITIONER）
本文デザイン　田中　英孝
印刷・製本　サン

乱丁・落丁は生産性出版までお送りください。お取替えいたします。
ISBN 978-4-8201-2145-9